2級キャリア コンサルティング 技能士

実技試験（論述・面接）に

と合格する本

キャリコンシーオー
津田 裕子／奥田 裕子

日本法令®

はじめに

—難関資格とよばれる「2級キャリアコンサルティング技能士」。
その実技試験に合格してもらうための本を作る。

この思いを胸に、私が合格したときから本書の構成を温めてきました。

試験には、学科試験と実技試験があります。実技試験は、さらに「論述」と「面接」の2つに分かれており、どちらも合格点に達すると実技試験合格となります。どちらか一方が不合格になると、また実技試験（論述、面接共に）を受けなおすことが必要です。

実技試験に関しては特に合格率が低く、受検者が100人だとしたら約15人しか合格しないという難関資格です。国家資格キャリアコンサルタントの実技（面接）試験と比べると、試験時間は5分長いだけなのですがレベルは格段に上がり、「熟練レベル」を求められます。「苦手、できない、わからない」と悩み、繰り返し受験される方は多いです。

本書は、下記のような、これまで私の主宰する合格講座の受講生の皆さんと二人三脚で取り組んできた内容や、考え方・解答方法に関する疑問・悩みへの回答などをもとに、合格のためのポイントをできるだけわかりやすくまとめてあります。

・「国家資格」と「2級技能士」のレベルの違い
・評価基準（基本的態度、関係構築力、問題把握力、具体的展開力）の関係
・実際の試験のポイントってなんだろう？
・受験票とともに送られてくる「5つの事例」の活用方法　…etc

これから2級キャリアコンサルティング技能士を目指されている方やその指導者の方々は、ぜひ本書を読んでください。一緒に合格目指して頑張っていきましょう！

令和4年12月
津田 裕子

目　次

第１章　２級キャリアコンサルティング技能士に求められるスキル

第２章　試験までの流れ

第5章 面接試験

目　次

第6章 口頭試問

第1章

2級キャリアコンサルティング技能士に求められるスキル

1 2級キャリアコンサルティング技能検定の概要

（1）キャリアコンサルティング技能検定とは

キャリアコンサルティング技能検定とは、技能検定職種の一つとして2008年に追加された試験で、キャリアコンサルティングの知識と技能を評価する国家検定です。この試験は、学科試験と実技（論述および面接）試験で行われ、両方の試験に合格すると「キャリアコンサルティング技能士」の称号が付与されます。試験等級には1級と2級があります。

（2）「2級キャリアコンサルティング技能士」に求められるレベル

2級キャリアコンサルティング技能士として求められるのは、「個人の相談に対して相談者との関係構築のもとに問題・課題などを見立てることができ、1対1の相談支援が的確にできるレベル」です。

現在、キャリアコンサルタントの資格は3つあります。国家資格キャリアコンサルタント、2級キャリアコンサルティング技能士、1級キャリアコンサルティング技能士です（本書では、以下それぞれ、「国家資格」「2級技能士」「1級技能士」ともいう）。

一般的に国家資格は「標準レベル」、2級技能士が「熟練レベル」、1級技能士が「指導レベル」といわれています。では、この2級技能士の「熟練レベル」とはどの程度のものなのでしょうか。

特定非営利活動法人キャリアコンサルティング協議会（以下、「協議会」ともいう。https://www.career-kentei.org）のウェブサイトでは、「2級キャリアコンサルティング技能士」に求められるレベルとして、「個人の相談に対して相談者との関係構築のもとに問題・課題などを見立てることができ、1対1の相談支援が的確にできるレベルです。」との記載があります。

国家資格の標準レベルでは相談者の話を傾聴し、意思決定が促せるレベルが求められます。一方、2級技能士には、熟練レベルとして「相談の分野を問わず、関係構築のもとに問題・課題などを見立てることができ、1対1の相談支援が的確にできる」ことが求められてきます。

もう少しわかりやすく説明しましょう。例えば、「関係構築」です。標準レベルでも相談者との関係構築が適切に行えることは必要ですが、熟練レベルでは、前述のように「相談の分野を問わず～」ということからも、「どのような相談者に対しても」一定のレベル以上の関係構築ができることが必要です。

「大学生は苦手分野だから…」、「高齢者の支援はわからない…」などといって対応しないということだと標準レベルに留まります。熟練レベルとして、どのような方の相談対応であっても関係構築を行えることが必要となります。

その上で、相談者が抱える問題・課題に対して「見立て」を行います。この「見立て」とは、相談者の状態や言動・行動などから問題・課題やその原因の推察を行うことです。さらに、「見立て」の確認を行った上で、意思決定や具体的な行動を決めるアプローチの段階も含めて、その時その場で必要な支援を的確に行うことができるレベルということです。

そのため、2級技能士レベルにおいては国家資格取得後3年間、または実務経験5年間が必要とされていて、実務経験に裏打ちされた相談者との関係構築および問題・課題の見立てと、相談段階において必要な支援ができることが求められているのです。

さらに理解を深めるために、2級技能士、1級技能士、国家資格のそ

れぞれについて、求められるレベルを次のように整理しました。各資格と比較する中で、熟練レベルである２級技能士のレベル感をつかんでいただければと思います。

【キャリアコンサルタント関連資格】

（能力水準 ↑）

１級キャリアコンサルティング技能士（指導レベル）	１つ以上の専門領域を持ち、それ以外の領域においても一定以上の支援が可能、かつ、スーパービジョン機能および領域間のコーディネート機能も併せ持つレベル
２級キャリアコンサルティング技能士（熟練レベル）	豊富な実践経験を有し、在職者・求職者のみならず、学生・生徒も含めた幅広いクライエントに対して「厚みと広がり」を持った支援が可能なレベル
国家資格キャリアコンサルタント（標準レベル・非熟練レベル）	典型的な場面・クライエントに係るキャリアコンサルティング（職業選択、職業選択設計、職業能力開発に関する相談、助言、指導）を、クライエントが安心感を持てるように実施する、知識、技能、倫理等の基盤を有するレベル

（厚生労働省「キャリアコンサルタントの能力要件の見直し等に関する報告書」（https://www.mhlw.go.jp/stf/houdou/0000199219.html）をもとに筆者作成）

（3）受検資格

２級キャリアコンサルティング技能士は熟練レベルとされており、受検のためには一定の経験や資格、条件が必要となります。２級キャリアコンサルティング技能検定の受検資格は以下の通りです。一読いただくと、国家資格キャリアコンサルタントの受験資格よりも、より長期の実務経験や専門性が必要とされていることがわかると思います。

なお、受検資格の詳細は、必ず協議会のサイトで最新のものを確認してください。

【２級キャリアコンサルティング技能検定受検資格】

① ５年以上の実務経験を有する者
② ４年以上の実務経験を有する者で、大学（※ 1）において検定職種に関する科目（※ 2）について 20 単位以上修得し、卒業したもの
③ ４年以上の実務経験を有する者で、キャリアコンサルタント試験（※ 3）の受検要件を満たすものとして厚生労働大臣が認定する講習を修了したものまたはこれと同等以上の講習を修了したもの
④ ３年以上の実務経験を有する者で、大学院（※ 4）において検定職種に関する科目（※ 2）について８単位以上修得し、修了したもの
⑤ ３年以上の実務経験を有する者で、キャリアコンサルタント試験（※ 3）に合格したものまたはキャリアコンサルタントであるもの（※ 5）

※１　大学には、課程が学校教育法による大学の学士課程と同等の教育水準であると独立行政法人大学改革支援・学位授与機構によって認定された大学および学校教育法による大学と同等以上と認められる外国の学校を含む。

※２　検定職種に関する科目とは、研究科や専攻の名称にとらわれず、心理学・教育学・社会学・経営学・社会福祉学・看護学・その他の人間科学および人事・労務管理関連科目のうち、協議会が認めたものに限る。

※３　キャリアコンサルタント試験とは、職業能力開発促進法（昭和 44 年法律第 64 号）第 30 条の 4 に規定するキャリアコンサルタント試験をいう。

※４　大学院には、学校教育法による大学院の他、課程が学校教育法による大学院と同等の教育水準であると独立行政法人大学改革支援・学位授与機構が認定した大学院および学校教育法による大学院と同等以上と認められる外国の学校を含む。

※５　キャリアコンサルタントであるものとは、職業能力開発促進法第 30 条の 3 に規定するキャリアコンサルタントであるものをいう。

（出典：キャリアコンサルティング技能検定　受検概要（協議会）
https://www.career-kentei.org/about/）

（4）技能検定の内容

では次に、実際にこの試験がどのような試験なのかを確認していきましょう。２級キャリアコンサルティング技能検定の内容をまとめると以

下の通りです。

試験	試験内容	出題形式	試験時間	合格基準
実技試験	論述試験	記述式による解答（1ケース）	60分	100点満点で60点以上
	面接試験	① ロールプレイ（受検者がキャリアコンサルタント役となり、相談を行う。ケース内容および試験実施の概要については、受検票に記載がある） ② 口頭試問（自らの相談について試験官からの質問に答える）	30分 ・ロールプレイ（20分） ・口頭試問（10分）	100点満点で60点以上※
学科試験	筆記試験	四肢択一のマークシート方式による解答（50問）	100分	100点満点で70点以上

※ 評価区分ごとに満点の60%以上の得点（所要点）が必要。

（出典：受検概要（協議会） https://www.career-kentei.org/about/）

① 技能検定は、学科試験と実技試験があります。実技試験は、論述試験と面接試験です。

② 技能検定合格のためには、学科試験、実技試験双方に合格する必要があります。

③ 学科試験と実技試験は別々に受検することが可能です。どちらか一つに合格した場合、合格した試験が一定期間（合格した試験実施日の翌々年度末まで）に限り免除されます。期間内に他方の試験に合格すれば、技能士の称号が付与されます。

④ 実技試験（論述試験と面接試験）は別々には受検できません。

⑤ 学科試験と論述試験は同日（午前：学科試験、午後：論述試験）に行われます。

⑥ 面接試験は、学科・論述試験の翌月に実施されます。

⑦ 2級技能検定は1年度内に2回（前期試験：論述6月・面接7月頃、後期試験：論述12月・面接1月頃）実施されます。検定スケジュールと検定の開催地情報など詳細は、協議会のサイトに掲載されます（https://www.career-kentei.org/about/schedule/）。

（5）技能検定の合格率

実際に受検するとなると気になるのが合格率です。そこで、下記にこれまでの試験の合格率を記載しました。

全体を眺めてみると平成25年度（第11回）あたりまでは合格率は20%を超えていましたが、近年では15%前後で推移しています。合格率が一番低かったのは第21回（平成30年度）の12.05%でした。試験そのものの難しさもありますが、論述試験、面接試験とも同時に合格点を取らないと合格とならないというのも合格率に影響しているようです。この合格率を踏まえて、しっかりと準備をして臨む必要がありそうです。

【2級キャリアコンサルティング技能検定の合格率】

		実技試験	（参考）学科試験
令和4年度	**第28回**	17.63%	57.40%
令和3年度	第27回	19.01%	66.77%
	第26回	19.73%	57.37%
令和2年度	第25回	16.82%	63.04%
	第24回	中止	
令和元年度	第23回	18.71%	78.38%
	第22回	16.40%	81.07%
平成30年度	第21回	12.05%	64.14%
	第20回	15.47%	80.89%
平成29年度	第19回	15.03%	51.68%
	第18回	13.58%	59.84%
平成28年度	第17回	15.27%	62.70%
	第16回	16.45%	73.65%
平成27年度	第15回	18.83%	48.94%
	第14回	17.56%	53.32%

平成 26 年度	第 13 回	18.98%	58.85%
	第 12 回	17.22%	-
平成 25 年度	第 11 回	20.60%	64.49%
	第 10 回	22.44%	-
平成 24 年度	第 9 回	24.95%	54.32%
	第 8 回	31.65%	-
平成 23 年度	第 7 回	26.10%	29.98%
	第 6 回	23.30%	-
平成 22 年度	第 5 回	25.51%	27.88%
	第 4 回	24.96%	-
平成 21 年度	第 3 回	23.30%	45.20%
	第 2 回	21.95%	-
平成 20 年度	第 1 回	17.24%	51.36%

※第 24 回試験は新型コロナウィルス感染症の感染拡大に伴い中止されました。
※学科試験は、平成 26 年度までは年 1 回の実施でした（現在は、年 2 回実施）。

（6）キャリアコンサルティング技能検定の歩み

この節の最後に、キャリアコンサルティング技能検定の歩みについて見ておきましょう。直接試験で問われることはないかもしれませんが、この技能検定が誕生した背景と、どのような歩みをたどってきたかを知っておくことで、今、そして、これからのキャリアコンサルティング技能士に何が求められているか、より深く知る一助になるかと思います。

経済・社会環境が急激に変化し、予測のつかない不透明な時代の始まりに伴い、我が国では、個人の自律的なキャリア形成を支援する労働市場のインフラ整備の一つとして、キャリアコンサルティング施策が打ち出されました。

以来、我が国の雇用対策の重要な柱としてキャリアコンサルティングが位置づけられ、2008 年（平成 20 年）より、これを担うキャリアコンサルタントの技能水準を国家基準により公証する「キャリアコンサルティング技能検定」がスタートしました。

以下は、キャリアコンサルティングおよびキャリアコンサルティング技能検定の歩みを時系列でまとめたものです。

【キャリアコンサルティング技能検定の歩み】

2001 年（平成 13 年）

「第７次職業能力開発基本計画」策定

労働市場を有効に機能させるためのインフラストラクチャーの柱の一つである「キャリア形成の促進のための支援システムの整備」のなかで、キャリアコンサルティングの必要性が示されました。

2007 年（平成 19 年）

「キャリア・コンサルタント制度のあり方に関する検討会」報告書 発表

厚生労働省より、キャリアコンサルタントを質量両面で充実を図る対策のあり方についての検討結果報告書が発表されました。

2008 年（平成 20 年）

キャリア・コンサルティング技能検定（２級）開始

2009 年（平成 21 年）

「キャリア・コンサルティング研究会報告書」発表

中央職業能力開発協会（厚生労働省委託）より、「指導レベル」のキャリアコンサルタントに求められる能力要件・評価の枠組み等についての報告書が発表されました。

2011 年（平成 23 年）

キャリア・コンサルティング技能検定（１級）開始

2014 年（平成 26 年）

技能検定試験の試験範囲の見直し・拡充

平成 23 年の標準レベルキャリア・コンサルタント能力評価試験要件変更を受け、「学校教育制度やキャリア教育についての理解」、「ジョブ・カードを活用したキャリア・コンサルティング」等が追加されました。

2016年（平成28年）

キャリアコンサルタント　国家資格化

2020年（令和2年）

技能検定試験の試験範囲の見直し・拡充

平成30年の国家資格キャリアコンサルタントの能力要件変更に伴い、「企業におけるキャリア支援」、「リカレント教育」、「職業人生の長期化、仕事と治療、子育て・介護と仕事の両立等の課題に対する支援」などが追加となりました。

（参考文献等）
「第7次職業能力開発基本計画」、厚生労働省（2001）
労働政策研究・研修機構（編）『新時代のキャリアコンサルティング』、労働政策研究・研修機構
木村周『キャリアコンサルティング 理論と実際 5訂版』、雇用問題研究会
協議会のサイト　https://www.career-kentei.org/
※なお、現在は「キャリアコンサルティング」、「キャリアコンサルタント」と表記することになっていますが、各文献の発表当時の表記のまま掲載しています。

2 試験の細目

（1）試験の細目は最新のものを確認する

それでは、試験の合否はどのように判断されているのでしょうか。

それを理解する上で非常に重要な資料が、試験細目です。正式な名称は、「2級キャリアコンサルティング技能検定試験の試験科目及びその範囲並びにその細目」です。これは協議会のサイトに掲載されています。

この試験細目は、言ってみれば「2級技能士として、ここに書かれてあるようなことはできるようになっておいてください」という試験サイドからのメッセージでもあります。

つまり、試験細目は合否の評価につながる部分が細かく確認できるものですので、受検に際しては是非とも最新のものを確認しておきましょう。本書は実技試験対策を解説していますので、実技に関わるところの項目だけを優先的に紹介しますが、学科試験も受検される方は学科試験に関する部分もしっかりと確認しておいてください。

◆試験細目（協議会）
https://www.career-kentei.org/wordpress/wp-content/uploads/2019/12/grade2_kamoku_hani2020.pdf

（2）試験範囲の変更

この試験細目は、2020年度試験よりいくつかの変更がありました。

主な変更点です。

これまでの
・「スキル」という表現が、「技能」に統一された。
・「～支援すること」、「～促すこと」などの表現が「できること」に統一された。
そのほか
・下記（3）のゴシック体部分が追加・名称変更された。

（3）細目の詳細を確認してみる

それでは、具体的な細目の詳細を確認してみましょう。この試験で何が問われているのかを確認した上で、受検の準備を始めると効果的です。なお、ゴシック体部分は2020年からの変更点です。

Ⅰ　**キャリアコンサルティングを行うために必要な技能**
1　**基本的技能**
相談者に対する支援を適切に行うために、以下の1）から4）までの基本的技能を有していること。
1）カウンセリングの技能
①　**カウンセリングの進め方**を体系的に理解した上で、キャリアコンサルタントとして、相談者に対する受容的・共感的な態度及び誠実な態度を維持しつつ、様々なカウンセリングの理論とスキルを用いて相談者との人格的相互関係の中で相談者が自分に気づき、成長するよう相談を進めることができること。
②　**傾聴と対話を通して、相談者が抱える課題について相談者と合意、共有することができること。**
③　相談者との関係構築を踏まえ、情報提供、教示、フィードバック等の積極的関わり技法の意義、有効性、導入時期、進め方の留意点等について理解し、適切にこれらを展開することができること。

① 「カウンセリングの進め方」に変更。変更前は「キャリアコンサルティングの進め方」でした。

② 新たに追加。「傾聴」と「対話」によって面接を進めていくこと、そして、相談者と「合意」、「共有」することとあるように、相談者の話を聴くとともに双方向のやりとりを重ねながら、歩調を合わせて進めていくことが求められています。

２）グループアプローチの技能

① グループを活用したキャリアコンサルティングの意義、有効性、進め方の留意点等について理解し、それらを踏まえてグループアプローチを行うことができること。

② 若者の職業意識の啓発や社会的・基礎的能力の習得支援、自己理解・仕事理解等を効果的に進めるためのグループアプローチを行うことができること。

３）キャリアシートの作成指導及び活用の技能

① キャリアシートの意義、記入方法、記入に当たっての留意事項等の十分な理解に基づき、相談者に対し説明できるとともに適切な作成指導ができること。

② **職業能力開発機会に恵まれなかった求職者の自信の醸成等が図られるよう、**ジョブ・カード等の作成支援や必要な情報提供ができること。

②は、変更前は「キャリアの方向性の整理や意思決定の確認ができるよう」でした。

４）相談過程全体の進行の**管理に関する**技能

相談者が抱える問題の把握を適切に行い、相談過程のどの段階にいるかを常に把握し、各段階に応じた支援方法を選択し、適切に相談を進行・管理することができること。

「相談過程全体の進行の管理に関する技能」に変更されました。変更前は、「相談過程全体のマネジメント・スキル」でした。

2　相談過程において必要な技能

キャリアコンサルティングを進めるに当たって、次の1）から8）までの技能を用いて、相談者との関係構築、相談者の抱えている問題の把握、その問題に対する目標設定及び具体的展開につながることができることの応答と相談過程を意識できること。

1）相談場面の設定

① 相談を行うにふさわしい物理的な環境、相談者が安心して積極的に相談ができるような環境を設定することができること。

② 相談を行うに当たり、受容的な態度（挨拶、笑顔、アイコンタクト等）で接することにより、心理的な親和関係を相談者との間で確立することができること。

③ 主体的なキャリア形成の必要性や、キャリアコンサルティングでの支援の範囲、最終的な意思決定は相談者自身が行うことであること等、キャリアコンサルティングの目的や前提を明確にすることの重要性について、相談者の理解を促すことができること。

④ 相談者の相談内容、抱える問題、置かれた状況を傾聴や積極的関わり技法等により把握・整理し、当該相談の到達目標、相談を行う範囲、相談の緊要度等について、相談者との間に具体的な合意を得ることができること。

2）**自己理解への支援**

① **キャリアコンサルティングにおける自己理解の重要性及び自己理解を深めるための視点や手法等についての体系的で十分な理解に基づき**、職業興味や価値観等の明確化、キャリアシート等を活用した職業経験の棚卸し、職業能力の確認、個人を取り巻く環境の分析等により、相談者自身が自己理解を深めることを支援する

ことができること。

② **面接、観察、職業適性検査を含む心理検査等のアセスメントの種類、目的、特徴、主な対象、実施方法、評価方法、実施上の留意点等についての理解に基づき、**年齢、相談内容、ニーズ等、相談者に応じて適切な時期に適切な職業適性検査等の心理検査を選択・実施し、その結果の解釈を適正に行うとともに、心理検査の限界も含めて相談者自身が理解するよう支援することができること。

①②とも、ゴシック体部分が追加されました。自己理解を深めるための手法（アセスメント含む）に関して十分な知識を持った上で支援ができることが求められています。

３）仕事理解への支援

① **キャリア形成における「仕事」は、職業だけでなく、ボランティア活動等の職業以外活動を含むものであることの十分な理解に基づき、相談者がキャリア形成における仕事の理解を深めるための支援をすることができること。**

② インターネット上の情報媒体を含め、職業や労働市場に関する情報の収集、検索、活用方法等について相談者に対して助言することができること。

③ **職務分析、職務、業務のフローや関係性、業務改善の手法、職務再設計、（企業方針、戦略から求められる）仕事上の期待や要請、責任についての理解に基づき、相談者が自身の現在及び近い将来の職務や役割の理解を深めるための支援をすることができること。**

① 表現の変更。変更前は、「仕事（職業だけでなく、ボランティア活動等の職業以外の活動を含む）の理解を深めるための支援…」でした。

③ 追加。主に企業等組織におけるキャリア支援に関連する内容が追加

されました。

4）**自己啓発**の支援

① インターンシップ、職場見学、トライアル雇用等により職業を体験してみることの意義や目的について相談者自らが理解できるように支援し、その実行について助言することができること。

② 相談者が啓発的経験を自身の働く意味・意義の理解や職業選択の材料とすることができるように助言することができること。

4）の名称変更がありました。変更前は「啓発的経験」でした。

5）意思決定の支援

① 自己理解、仕事理解及び啓発的経験をもとに、職業だけでなくどのような人生を送るのかという観点や、自身と家族の基本的生活設計の観点等のライフプランを踏まえ、相談者の**中高年齢期をも展望した中長期的な**キャリア・プランの作成を支援することができること。

② 相談者のキャリア・プランをもとにした中長期的な目標や展望の設定と、それを踏まえた短期的な目標の設定を支援することができること。

③ 相談者の設定目標を達成するために必要な自己学習や職業訓練等の能力開発に関する情報を提供するとともに、相談者自身が目標設定に即した能力開発**に対する動機付けを高め、主体的に実行するため**のプランの作成及びその継続的見直しについて支援することができること。

① 「中高年齢期をも展望した…」の文言が追記されました。

② ゴシック体部分の追加。

6）方策の実行の支援

①　相談者が実行する方策（進路・職業の選択、就職、転職、職業訓練の受講等）について、その目標、意義の理解を促し、相談者が自らの意思で取り組んでいけるように働きかけることができること。

②　相談者が実行する方策の進捗状況を把握し、相談者に対して現在の状況を理解させるとともに、今後の進め方や見直し等について、適切な助言をすることができること。

７）新たな仕事への適応の支援

①　方策の実行後におけるフォローアップも、相談者の成長を支援するために重要であることを十分に理解し、相談者の状況に応じた適切なフォローアップを行うことができること。

８）相談過程の総括

①　キャリアコンサルティングの成果や目標達成具合を勘案し、適正だと判断できる時点において、相談を終了することを相談者に伝えて納得を得た上で相談を終了することができること。

②　相談者自身が目標の達成度や能力の発揮度について自己評価できるように支援すること、またキャリアコンサルタント自身が相談支援の過程と結果について自己評価することができること。

（4）「できること」と「わからないこと」

試験細目を確認しましたが、いかがでしたでしょうか。合格のためには、これらができるようになっていることが大切です。これから試験対策を始めていくにあたって、この細目についてご自身の「できること」と「わからないこと」を書き出してみましょう。

今の時点でこれらのことを把握しておくことは、いわばご自身の強みと課題を理解することになり、試験対策を効果的に進めていく上で役立ちます。

◆ できること

例）キャリアシートについて、相談者に対して同意のもとに説明を行い、サポートして作成したことがあるため、ある程度理解している。

◆ わからないこと

例）進行の管理について、各段階に応じた支援方法の選択がよくわかっていない。

3 評価区分

◎２級実技（面接）試験の評価区分とその内容

試験範囲について理解したら、次は評価区分について見ていきましょう。実技試験では４つの評価区分があります。100点満点で60点以上の得点が合格基準ですが、各評価区分でも満点の60％以上を得点しなければなりません。試験結果（面接）にも各評価区分の点数が記載されています。

実技試験の４つの評価区分は、基本的態度・関係構築力・問題把握力・具体的展開力です。各項目の評価内容は次の通りです。

◆２級実技（面接）試験の評価区分その内容（協議会）
https://www.career-kentei.org/wordpress/wp-content/uploads/2019/12/grade2_jitsugi20190606.pdf

基本的態度：キャリアコンサルタントとして自分をありのままに受容し、言語・非言語で表現し、多くの場合、一致していること。また、必要に応じて相談者の個別問題に応じた支援（助言・情報提供等）を適切に行うことができること。

関係構築力：キャリアコンサルタントとして相談者に対する受容的・共感的な態度および誠実な態度を維持し、様々なカウンセリングの理論とスキルを用いて、相談者との人格的相互関係の中で相談者が自分に気づき、成長するような相談を安定的に進めることができること。

問題把握力：相談者が表現した内容から、相談者が相談したいことを把握し理解し、相談者が訴えている以外の相談者の問題を把握しており、推論の根拠も説明できること。

具体的展開力：相談者との関係性を意識しながら面談を進め、相談者の訴えを理解した上で適切な目標を設定し、キャリアコンサルタントの対応を適切に選択し対応できることで、相談者に気づき、変化（問題に対する認知の変化、自分または重要な他者の認知の変化、自己の表面的な表現から内面表現への変化、具体的行動や意欲の変化など）が起こること。

この内容だけを見てもわかりにくいかもしれません。そこで先ほどの細目が必要となります。例えば、基本的態度は「自分の強み・弱み、自分の感情と相手の自分への感情の受容」とあります。これは相談の総括でしっかりと行ってきた相談内容を振り返ることができているかが評価されます。後述する口頭試問での自己研鑽も基本的態度に含まれています。

評価区分と試験細目をしっかりと理解することは、正解のない実技試験において、点数を得ていくための大きなヒントになっています。論述、面接において必要なことは、またそれぞれの章で説明していきますが、評価区分と試験細目を見ても理解しにくい場合には、キャリアコンサルティング技能士１級や２級を取得した方たちに確認をして理解を深めましょう。

第2章

試験までの流れ

1 申込方法

試験の申込み（受検申請）については、協議会のサイト（https://www.career-kentei.org/）に案内が掲載されます。

試験は、①学科試験のみ、②実技試験のみ、③学科試験と実技試験の3種類から選んで申し込むことができます。

学科・論述試験日のおおむね2〜3か月前から受付が始まります。例えば後期試験の場合、12月半ばに学科・論述試験がありますが、9月上旬に申込みの案内が配布され、9月中旬から申請受付開始、10月初旬に受付終了となっています。

申込期間はおよそ2週間しかありません。そして、試験も年に2回しか開催されませんので、必ずサイトを確認して、申込期間を逃さないようにしましょう。

各回の受検案内配布期間や受検申請期間の詳細については、協議会のサイトの試験日程のページ（https://www.career-kentei.org/about/schedule/）に記載されています。

また、申込みはインターネットと郵送の2通りでできるようになっています。それぞれの申込方法の詳細はサイト（https://www.career-kentei.org/request/）で確認ができるようになっています。しっかりと確認をしながら手続きを進めましょう。

2 申込み完了までの過ごし方

多くの方は申込みが完了するまでは、あまり試験の実感がわかず、熱心に勉強する気持ちにならないかもしれません。また、いつから勉強を始めるかについては、各人のペースもあるかと思います。ただ、この段階でも必ずしておいたほうが良いことが２点あります。

① 過去問をダウンロードする（過去３回分までしか公表されておらず、新たに試験が実施されると、随時、一番古いものから削除されてしまいます）。
② 学科試験・論述試験を試しに１問解いてみる。

この２点を行うと、少しエンジンがかかってきます。

それ以外にも、学科試験も同時に受検する場合には、申込時点での法改正や求人倍率、労働力人口などの資料・統計に目を通しておくとよいでしょう。学科試験では、試験日の３か月前ごろまでの内容が問われやすいためです。

また、この時期に試験当日までの自分のスケジュールを確認しておきましょう。試験以外の予定、特に大きなイベントの有無なども考慮した上で、試験までの間にどれくらいの勉強時間が取れそうか、いつごろまでに何をしておけばよいかなど、大まかな学習スケジュールを立てておきます。そうすることで、「勉強しようと思っていたのに仕事の繁忙期と被って何もできなかった」とか、「気が付いたらもう試験直前だった」なんてことを防ぐことができます。また、思いもよらない突発的な予定が入ることなどもあるかもしれないので、余裕を持たせたスケジュールを立てるとよいでしょう。

3　5つの事例

学科・論述試験の2〜3週間前に受検票が送られてきます。その際、受検票と一緒に実技（面接）試験でのロールプレイに関する情報も一緒に送られてきます。つまり、面接試験の相談事例についてはあらかじめ知ることができます。事例は5つ提示されますが、その中のいずれに当たるかはわかりません。面接試験当日に相談が始まったときにわかるようになっています。

そして、この5つのケースについては、相談者の「氏名」、「年齢（学生のケースでは学年も）」、「家族構成」、「簡単な経歴」、「相談月」（主に学生のケース）、そして、「相談したいこと」が記載されています。

相談事例に登場する人物の相談内容は毎年変わりますが、5人の相談者の属性は例年大きくは変わりません。相談者の属性とは、性別、大まかな相談内容などです。よくある属性をまとめてみました。

① 学生（大学生が主※）　進路（就職活動、進学、内定後の迷いなど）
② 男性（30代〜50代）　異動、昇進、転職、キャリアチェンジ
③ 女性（20代〜30代）　育児と仕事（復職、両立など）、上司や部下との関係
④ 男性（40代〜60代）　定年前後のキャリア、出向・配置転換
⑤ 女性（40代〜60代）　介護、子供の独立、再就職前後の悩み
※ 第26回は新入社員のケースで、学生のケースの出題はありませんでした。

なお、直近の過去問については協議会のサイト（https://www.career-kentei.org/about/learninfo/）に掲載されていますので、目を通しておきましょう。

これらの事例は、試験実施時（厳密には試験が作られる時）の社会情勢や法律・制度の改正を踏まえている場合が多いです。例えば、派遣法の改正時には派遣社員の事例、リーマンショック時には大学生の内定取消し事例などが出題されていました。

そのため、試験の実施時期を踏まえて昨年の制度改正や社会情勢には注意を払っておくとよいでしょう。

例えば、近年あった法律・制度の改正やニュースでは、新型コロナ関連、育児・介護休業法の改正、高齢者雇用安定法関連（70歳までの就業機会確保）、働き方改革関連法などがあります。

そのため、これらを踏まえた相談事例としては下記のような内容が考えられます。

大学生：内定取消し、就職活動困難、不本意内定で就職留年の相談。
労働者：非正規雇用の雇止め（派遣切り等）、勤め先の統廃合、倒産、出向・転籍、勤め先（会社、業界など）の将来性の不安、テレワークのしんどさ（働き方や労働環境の変化への適応）、コロナ禍を受けてのキャリアチェンジ（サービス業からそれ以外の仕事へ等）、DX化への対応、継続雇用等の定年後の働き方に関する相談、など。

また、時事問題に関連しているケースでは、「今まで経営をしていたけれどもコロナ禍で破綻をした。就職をしたことがないが、転職活動をどのようにすればよいのかわからない中高年」などの突発的な事例が出ることも想定されます。

想定される問題は多岐にわたります。「どんな内容が出てくるのだろう」と不安になるかもしれませんね。しかし、面接試験の前に事例が到着するため、あらかじめ相談の概要は知ることができますし、わからないことを調べたり、対策を考えたりする時間も豊富にあります。いたずらに不安にならず、それぞれの事例に対する対策を進めていきましょう。

それでは、どのような形で事例を見ていけばよいのか、具体的な事例を使いながら確認をしていきましょう。イメージとして、事例は次のような形で送られてきます。

【2級　第○回　実技（面接）試験　ロールプレイケース内容】

●相談者：高城 あやな（22歳）　家族：父親（55歳）、母（54歳）専業主婦、弟（18歳）
私立四年制大学在学中（文学部国文学科4年生）相談月：1月
相談したいこと：希望していたホテル業界に内定が決まっていたが、内定後、いろいろと情報を調べるうちに不安が募り、内定を断ってしまった。まだ卒業後のことは決まっていない。不安と焦る気持ちで、今後のことをどのように考えればよいのかわからなくなったため、相談したい。

●相談者：宮田 亮（48歳）　家族：妻（50歳看護師）
四年制大学（法学部）卒業後、新卒で食品製造販売会社に入社し、勤続26年目。現在は営業部門の課長。
相談したいこと：営業として26年間頑張って働き続けており、実績を出してきたと考えている。「次は部長に昇進」と考えていたところ、急に異動の話になり、物流部門に課長職として異動することになった。これをどう受け止めればよいのかわからない。今後のことも含めて相談したい。

●相談者：香川 美波（39 歳）　家族：夫（41 歳）、長男（12 歳）
私立四年制大学（社会学部）卒業後、中堅食品メーカーで勤務。結婚を機に退職。現在は、市役所の非常勤職員として勤務し３年目。
相談したいこと：現在の仕事は契約期間満了で年度末に退職の予定である。継続的にできる仕事であれば、たびたび就職活動で苦労をしなくてよいのにと思う。しかし、特に何か専門性がある訳でもないので、今後のことをどう考えていったらよいのかわからないため、相談したい。

●相談者：古澤 圭一（58 歳）　家族：妻（55 歳）、長女（21 歳）、長男（18 歳）
四年制大学（経営学部）卒業後、大手電機メーカーに就職し、36 年目。
相談したいこと：子会社で工場が新設されることになり、その責任者として出向を打診された。待遇などは悪くないが遠隔地のため、単身赴任となる。そろそろ定年後を見据えて、プライベートに軸足を置こうとしていたところでもあり、どう考えればよいのかわからないため、相談したい。

●相談者：中村 麻里（45 歳）　家族：母（68 歳）、長女（12 歳）と同居。
四年制大学卒業後、百貨店に総合職として入社、33 歳で結婚・出産し、３年前に離婚。
相談したいこと：現在、百貨店で働いているが、不景気の影響で売り上げが厳しく閉店やリストラの話も出てきている。家には母も長女もいて、働かないとならないが転職の経験もなく、どうしてよいかわからない。百貨店以外の仕事経験も資格もない中で、今後どうすればよいのかわからず相談したい。

4 各事例の分析（事例の活用）

では、事例が届いた後にはどのようにすればよいのでしょうか。

事例は、相談者からの面接申込みの際に、受付担当者が相談者から聞き取った情報、もしくは、申込用紙などに相談者が書き込んだ情報として、面接を担当するキャリアコンサルタントであるあなたに渡されたものだと考えましょう。その上で、この情報をどのように活用するかはあなたに委ねられています。

では、実際にどのように扱うのかというと、記述されている内容から情報を分析して、相談者を取り巻く環境や問題、さらには想定される相談者の問題を分析しておくのです。これは「見立て」の一種であり、2級技能検定で求められる「問題・課題に対して見立てを持つ」の部分につながります。

そのため、様々な視点から情報を分析することが重要です。例えば、先ほどの大学生の事例で分析を行ってみましょう。

●相談者：高城 あやな（22歳） 家族：父親（55歳）、母（54歳）専業主婦、弟（18歳）私立四年制大学在学中（文学部国文学科4年生）相談月：1月

相談したいこと：希望していたホテル業界に内定が決まっていたが、内定後、いろいろと情報を調べるうちに不安が募り、内定を断ってしまった。まだ卒業後のことは決まっていない。不安と焦る気持ちで、今後のことをどのように考えればよいのかわからなくなったため、相談したい。

このような相談があった際に、あなたが普段、学生支援に携わっていないのであれば具体的な支援方法がわからないかもしれません。その場合には、学生支援の流れについてある程度の知識を入れておく必要があります。

【大学生の就職活動の流れ】

就職活動は３年生の６月からインターンシップなどの募集が開始され、３年生の３月から本格的な説明会などの情報解禁になります。４年生の６月から面接・内定が出される流れが一般的です。

公務員の就職活動は公務員試験の勉強が必要になりますが、既卒・新卒の区別はあまりなく、人物評価（本人の資質を評価）が強くなっています。そのため、年齢制限の範囲内であれば応募はできます。

就職活動の準備としては以下の流れとなります。

自己分析→書類作成（自己PRなど）→説明会参加（OB・OG訪問）→志望動機作成→書類提出→選考（筆記・GD・面接など）→内定

ただ、必ずしもこの順番通りではなく、何も準備せずに説明会に参加してから自己分析を行う学生もいます。重要な内容としては、①自己理解、②仕事理解をしっかりと行うことです。これを行わずに内定をもらう学生もいますが、自己理解と仕事理解を十分に行わないままの内定はミスマッチが起こりやすく早期離職につながる可能性が高いので注意です。

それらを踏まえた上で、下記の状況が気になる点として挙げられます。

1　高城さんはホテル業界を希望して内定をもらいながらも、辞退した。どんな思いがあってホテル業界を希望して、どんな思いがあって辞退したのか。そのことについて今（相談時）どう思っているのか。

2　ホテル業界とは具体的にどのようなものか。業界の現状や将来性は。

3　ホテル業界についてのいろいろな「情報」とはどのようなものだったのか。それらは辞退の決断にどの程度影響があったのか。

4　内定を得たのと辞退したのはそれぞれいつ頃か。内定を辞退してから今までどのように過ごしていたのか。

5　卒業後のことはまだ決まっていないとのことだが、今は卒業後のことについてはどのようなことを考えているのか。

6　不安と焦る気持ち、というのは具体的に何に対して、どのような気持ちなのか。

7　不安や焦る気持ちはあるが、どうすればよいかわかっていないので、周囲への相談ができていない可能性がある（友人・キャリアセンターからの情報収集など）。

8　弟も進学もしくは就職の時期。両親や弟は高城さんの状況をどう見ているのか。
一方、弟の状況が高城さんにも何かしらプレッシャーがかかっている可能性もある。

9　不安や焦りの程度によってはメンタル面の課題が隠れている可能性もある。

他にも分析を深めると様々な視点が見つかるかもしれません。これが見立てとなり、相談者の問題・課題を考え、適切な支援を行うために活用できる情報となります。

これらを５人分、様々な情報や背景も調べて準備を行っておくと、実際の試験の際にも心強いでしょう。この見立てに関しては一人だけで実施すると視野が広がりにくいため、勉強会を利用したり、受検する仲間と一緒に行っておくのが効果的です。

また、前述しましたが、ロールプレイの事例は試験実施時期の社会情勢や法律・制度の改正を踏まえて作成されている場合が多いです。試験の実施時期を踏まえて、その年、もしくは前年の法律や制度の改正、社会情勢には注意を払っておきましょう。

そして、この試験では事前に事例が手元に届くため、時間は豊富にあります。各事例の理解を深めるために必要な情報を調べたり、対策を考えたりして準備しておきましょう。

ちなみに、協議会のサイト（https://www.career-kentei.org/about/learninfo/）には直近過去３回分の事例が掲載されています。これまでどのようなケースが出題されているか事前に確認しておきましょう。

ただし、１つ注意点があります。分析や下調べは大切なのですが、相談者の相談内容や相談の流れを勝手に作り上げてしまわないことです。事前情報だけから「この相談者はこんな人に違いない」、「こういう問題があるに違いない」など、自分の中でストーリーを想定して、それに当てはめようとすると、実際の相談者の話していること（相談したいこと）と合致せずうまくいかないことが多いです。相談者を理解したり、支援したりするための知識や情報はしっかりと頭に入れておいていただきたいのですが、本当に相談者が相談したいことは、試験当日に相談者に聴いてみないとわかりません。準備はしっかりと行った上で、本番は目の前の相談者の言葉に丁寧に耳を傾ける必要があります。

5 試験当日の流れ

初めて実技試験に挑む際には緊張をしてしまうかもしれません。試験当日の流れを事前に理解することで、少しでも緊張を和らげ、試験に挑めるようにしましょう。

ご自身の当日の姿をイメージしながら読んでみてください（なお、会場などにより若干の違いや変更がある可能性もあるので、あくまで目安だと考えてください）。

（1）論述試験の流れ

論述試験は、前期試験では6月、後期試験では12月の上旬、日曜日の午後に行われることが多いです。

学科試験を受検する場合は、午前中の学科試験を終え、お昼休憩を挟んでの受検になります。論述試験のみ受検する場合は、午後の開場時間に合わせて来場することになります（下記の時刻は会場により若干の違いがあるので目安だと考えてください）。

① 13:45　受検室の開場

座席はあらかじめ指定されています。受検室内に掲示されている「座席表」で自分の席（受検番号による）を確認して、席に着きます（オリエンテーション開始までは部屋への出入りは可能です）。

② 14:20　オリエンテーション

試験監督者より試験実施にあたっての説明や注意事項の伝達が行われます。また、この時点で問題用紙、解答用紙が配付されます。

③　14:30　　試験開始

試験時間は60分ですが、試験開始30分を過ぎた時点から途中退出できます。ただし、試験終了時刻の5分前からは退出できません。

④　15:30　　試験終了

試験終了後、試験監督者が解答用紙を回収、確認します。その間は着席をしたまま待機します。確認が済んだ後、退出が可能となります。

試験中は、受検票、腕時計（腕時計型のウェアラブル端末の使用はできません。また音を発しないものに限ります)、筆記用具（黒の鉛筆またはシャープペンシル、消しゴム）のみ机の上に出しておくことができます。それ以外のもの（筆記用具入れなど）はバッグの中にしまっておく必要があります。

携帯電話・スマートフォンなどの通信機器および電子機器、時計のアラーム等、音の出る機器は使用禁止となっています。必ず電源を切ってバッグの中などにしまっておかなくてはなりません。

試験問題は持ち帰りが可能です。忘れずに持ち帰り、試験後の振り返りに使いましょう。振り返りのために、余白にメモを残しておくのも効果的です。

（２）面接試験の流れ

面接試験は、前期試験では７月、後期試験では１月、複数日程設定されています。受検票に集合時間が記載されていますので、その時間に合わせて試験会場に到着するようにします。

【控室まで】

①　会場へ

受検票で指定された集合時間に会場へ向かいます。

集合時間は実際の試験開始時間とは異なります。早めに到着しても前のグループの受検者が控室にいるため、入室できないので注意が必要です。

② 受付

時間になると、控室前で受付が開始されます。

同じ時間帯に「前半」、「後半」の２グループの受検者が集まります。

③ 控室に入室

受付を済ませたら、控室に入室します。控室に入ると荷物置きのテーブルがあり、そこにアルファベットが書かれています。指定されたところに荷物を置いたら、着席してオリエンテーションの開始を待ちます。

なお、面接試験についてよく質問を受けるのは服装のことです。当日はスーツ姿で来場する受検者が７割程度います。スーツでなければならないということでもないようですが、少なくとも相談を受けるのにふさわしい格好であることが望ましいといえます。もしどのような服装で行けばよいのか不安であれば、スーツで参加するとよいでしょう。

④ オリエンテーション

集合時間になると、オリエンテーションが行われます。試験の実施についての説明がありますので、しっかりと確認しておきましょう。

⑤ 受検室へ移動

オリエンテーションの後、「前半」グループの人が受検番号順に呼ばれ、控室前に整列します。このとき「受検シール」以外の荷物は控室に置いたままです。

各人に１人ずつ「係員」が付き、受検室まで案内されます。ちなみに、この「係員」が「相談者役」であることが多いです。そのため、この時点でどの相談事例に当たるか（少なくとも男性か女性か）、軽く絞ることができます。

この案内役はネームプレートを首から下げていますが、裏返しで名前が見えないようになっています。このネームプレートにはそれぞれ相談者の名前（高城あやな、など）が書かれています。この人が誰なのか、気になるところですが、試験開始後には見ることができますので、あまり気にしすぎないようにしましょう。

⑥　受検室前にて

受検室の前に着くと、開始時間まで部屋の外で待機します。受検室の前には椅子が置かれており、着席するよう促されます。その際、「注意事項」が渡されますので、確認しながら待ちます。読み終わったら無言で返却するように指示がありますので、一読して返却しましょう。ここから数分間待たされることになります。

緊張して頭が真っ白にならないように深呼吸をして落ち着きましょう。

時間になると、係員に案内され部屋の中へ入ります。

【受検室にて】

⑦　受検室に入室

室内には２名の試験官が待機しています。

受検シールを試験官に渡すと、着席を促されます（「係員」もそのまま着席します）。

⑧　再度オリエンテーション

試験官から改めて試験の注意事項（時計の説明や、録音しますという内容など）が告げられます。テーブルの上には時計（アナログ式）が置いてあります。

この時計は「自由に動かして結構です」と案内があります。

⑨　相談者判明

そして、説明が終わると、「本日の相談者はこちらの方です」との言葉と同時に、係員が首にかけている名札をひっくり返します。名札には、相談者（5つのケースのうちの1つ）の名前が書かれています。

⑩　ロールプレイ開始

そして、受検者の準備ができたことを確認したところで、試験官がタイマーのスタートボタンを押すと、面接の始まりです。

20分の時間計測は試験官が行います。ここからは練習し続けたロールプレイの力を発揮して、20分間しっかりと試験に取り組みましょう。

⑪　ロールプレイ終了

ロールプレイの20分が終わると、終了の合図があります。途中でもそこで終了です。ちなみに、時間内に終われば早く終わることも可能です。

ロールプレイが終わると相談者は退室します。受検者と2名の試験官は部屋に残り、そのまま口頭試問へ移ります。

⑫　口頭試問

口頭試問では、2名の試験官が1名ずつ質問をしてきます。

この口頭試問では、一般的に下記の内容が聞かれます。理由や根拠のほか、試験官が気になったことを聞かれる場合もありますが、口頭試問の時間は10分間しかないので、そこまで突飛な質問はされません（詳細は、第6章 口頭試問を参照）。

口頭試問の全ての問題が終わるか、制限時間（10分）になると終了です。

ロールプレイが終わって、すぐに口頭試問に移るため、頭の中の整理が大変な場合があります。自主練習をする場合には、ロールプレイ単独ではなく口頭試問も含めて練習しておくとよいでしょう。落ち着いて対応しましょう。

≪よくある口頭試問の例≫

1　今回の相談で、できたところ、できなかったところ。
2　相談者と関係構築をどのように行ったか。
3　相談者との関係構築はどの程度できたか。その根拠は。
4　相談者がキャリアコンサルタントに相談したかったことは何か。
5　キャリアコンサルタントが捉えた問題は何か。
6　その問題にどのように関わったか。
7　今後はどのように進めていくか。
8　今後、どのような自己研鑽を積んでいきたいか。
9　2級試験に合格したら、どのように活躍したいか。
10　キャリアコンサルタントとして大切にしていることは何か。

これらのうち、9と10は事前に準備できる内容です。それ以外の質問については、ポイントをつかんだ練習を行い、対応できるようにしておきましょう。

【終了後】

⑬　控室に戻る

口頭試問を終えたら試験は終了となります。受検室から退室して控室に戻ります。荷物を受け取ったら面接試験は終了です。

【後半グループは…】

後半グループは、前半グループが受検室へと移動した後も引き続き控室で待機します。前半グループの終了時刻の少し前に呼び出しがかかります。⑤以降は、前半グループと同様の流れで進みます。

【試験が終わったら】

試験が終わったらほっと一息。次は試験終了後の過ごし方についての解説です。

カウンセリングは実際に行ったあと、自身での振返りや評価をすることがとても大切です。今後のスキル向上のためにも、振返りの時間をとることをお勧めします。

例えば、筆者の下記の動画では、試験の振返りとして、記憶が新しいうちに面接を書き残すということをお伝えしています。もしお時間がありましたらご覧ください。

◆キャリコンシーオー
—合格する人が実技面接試験のあとすぐやっていること
https://www.youtube.com/watch?v=p1B7jADGecE

なぜ、振返りが必要なのでしょうか。

試験が終了してから約２か月後に試験の結果が発表され、評価区分ごとの点数が数値化されたものが通知されます。しかし、すでにかなり時間が経っているので、何も記録を残しておかないと、合格でも不合格でも、なぜ合格（不合格）なのか？なぜその点数になったのか？といった理由がわからないままとなってしまうからです。

そのため、試験当日の自分のロールプレイや解答の詳細を、記憶が鮮明なうちに書き出しておくことで、結果が出次第、点数だけでなく、なぜその結果になったのかの分析とそれを踏まえた対応とが可能になります。

せっかく合格しても、その理由が不明なままだと実務家としての活動に活かせません。

また、不合格の場合は、自身の今後の課題が不明なままとなり、改善点がわからず再度受検してもまた同じ結果になってしまう確率が高くなります。

そして、私もそうですが自分のことは自分ではよくわからないことが多いため、一人で振り返るだけでなく、ほかの誰かに見てもらうことでより改善点が明確になります。

それでは、どんなことを書き出すとよいのでしょうか。

◆試験当日の相談者役の氏名（5つの事例のうちどれか）
◆試験当日20分間の全ての内容（できるだけ詳細に）
※できれば逐語記録がよい
◆「基本的態度」でこれはできたと思うこと
◆主訴（相談者が訴えている問題）
◆見立て（キャリアコンサルタントから見た相談者の問題点）
◆相談者へ伝えた目標設定
◆相談者へ伝えた方策（時間切れの場合は口頭試問で伝えたこと）
◆次のうち、試験の20分間で実行したことに○を付ける。
・名前を名乗る等、挨拶を行った 。
・アイスブレイク等を行い、話しやすい雰囲気作りを心がけた。
・ccからみた相談者の問題を伝え、心からの同意（yes）を得た 。
・目標を伝え、心からの同意（yes）を得た 。
・今後の方策を伝え、心からの同意（yes）を得た 。
・面談の感想や評価を聴いた 。
・次回の面談の約束や提案をした 。
◆口頭試問での「全質問」と「その返答」内容全て
◆口頭試問で答えたキャリアコンサルタントからみた相談者の問題点
◆試験当日、相談者役に対して感じた印象
◆試験当日、「おや？」と思ったことや予想外だったこと
◆受検した感想
◆その他印象に残ったこと。今後のため留めておきたいこと

これらを紙に書いてもよいですし、スマホやノートパソコンなどに記録してもよいです。何かしらの形で試験帰りに記録できるように準備しておきましょう。

人間の記憶はあまり長くはもたないため、試験会場を出たらすぐ、駅のホームでもカフェでも、腰を据えて全ての記憶を記録しておくことをお勧めします。

第3章

国家資格キャリアコンサルタントと2級キャリアコンサルティング技能士の違い

1 「国家資格」と「2級技能士」の違い

「国家資格キャリアコンサルタント」と「2級キャリアコンサルティング技能士」は何が違うのでしょうか。

2級技能士の受検者は、国家資格キャリアコンサルタントの資格者が多いと思われますので、両者の違いを中心に、2級技能士として何が求められているのか、様々な角度から確認をしておきましょう。

(1) キャリアコンサルティング資格間の違い

現在、キャリアコンサルティング関連の資格として、「国家資格キャリアコンサルタント」、「キャリアコンサルティング技能士（1級、2級）」の3種類があります。キャリアコンサルティング技能士は1級、2級どちらでも、国家資格キャリアコンサルタントとしての登録をし、名乗ることができます。つまり、技能士は国家資格キャリアコンサルタントの上位資格となります。

まずは、それぞれの資格の相関関係を見て、読者の皆さんがチャレンジする2級技能士の位置付けを確認しておきましょう。

以下に、第1章にも掲載した図を再掲します。各資格とそれぞれに求められる能力水準（レベル）の違いを感じていただけるかと思います。

【キャリアコンサルタント関連資格】

能力水準（上ほど高い）

１級キャリアコンサルティング技能士（指導レベル）	１つ以上の専門領域を持ち、それ以外の領域においても一定以上の支援が可能、かつ、スーパービジョン機能および領域間のコーディネート機能も併せ持つレベル
２級キャリアコンサルティング技能士（熟練レベル）	豊富な実践経験を有し、在職者・求職者のみならず、学生・生徒も含めた幅広いクライエントに対して「厚みと広がり」を持った支援が可能なレベル
国家資格キャリアコンサルタント（標準レベル・非熟練レベル）	典型的な場面・クライエントに係るキャリアコンサルティング（職業選択、職業選択設計、職業能力開発に関する相談、助言、指導）を、クライエントが安心感を持てるように実施する、知識、技能、倫理等の基盤を有するレベル

（2）実技試験内容の違い

実技試験の内容にも違いがあります。資格自体のレベルが違うので、試験の内容（特にレベル感）が異なるのは当然かと思われますが、試験の形式や評価項目にも違いがあります。特に国家資格キャリアコンサルタント資格をお持ちの方は、自分が受けた国家資格試験との違いを知っておくことは、２級技能検定対策への移行をスムーズにします。試験勉強を始める前に、まずは国家資格試験との対比の中で、２級技能検定がどのような試験なのかを確認をしておきましょう。

【実技試験内容の違い】

		2級技能検定	国家資格キャリアコンサルタント	
	実施団体	協議会（キャリアコンサルティング協議会）	協議会（キャリアコンサルティング協議会）	JCDA（日本キャリア開発協会）
論述	形式	1ケース　60分	1ケース　50分	
	問題（例）	≪問1≫ 相談者がこの面談で相談したい「問題」は何かを記述せよ。（20点）	≪問1≫ 事例記録の中の「相談の概要」（略A）の記載に相当する、相談者がこの面談で相談したいことは何か。事例記録を手掛かりに記述せよ。（10点）	≪問1≫ 事例ⅠとⅡはキャリアコンサルタントの対応の違いにより展開が変わっている。事例ⅠとⅡの違いを下記の5つの語句（指定語句）を使用して解答欄に記述せよ（同じ語句を何度使用しても可。また語句の使用順は自由。解答用紙に記述する際には、使用した指定語句の下に必ずアンダーラインを引くこと）。（15点）

		２級技能検定	国家資格キャリアコンサルタント	
		≪問２≫ キャリアコンサルタントとしてあなたが考える、相談者の「問題」は何かを記述せよ。(20点)	≪問２≫ 事例記録の下線Ｂについて、この事例を担当したキャリアコンサルタントがどのような意図で質問を行ったと考えるかを記述せよ。(10点)	≪問２≫ 事例ⅠのCCt○と事例ⅡのCCt○のキャリアコンサルタントの応答が、相応しいか、相応しくないかを考え、「相応しい」あるいは「相応しくない」のいずれかに○をつけ、その理由も解答欄に記述せよ。(10点)
		≪問３≫ あなたは、上記２つの「問題」を合わせ、相談者を援助するために、①どこに目標をおいて、②どういうことを実施したいか。目標と具体的な方策を記述せよ。(60点)	≪問３≫ あなたが考える相談者の問題（①）とその根拠（②）について、相談者の言動を通じて、具体的に記述せよ。(20点) ２×10点 ①問題 ②その根拠	≪問３≫ 全体の相談者の語りを通して、キャリアコンサルタントとして、あなたの考える相談者の問題と思われる点を、具体的な例をあげて解答欄に記述せよ。(15点)

		2級技能検定	国家資格キャリアコンサルタント	
			≪問4≫ 設問3で答えた内容を踏まえ、今後あなたがこのケースを担当するとしたら、どのような方針でキャリアコンサルティングを進めていくか記述せよ。(10点)	≪問4≫ 事例Ⅱのやりとりの後、あなたならどのようなやりとりを面談で展開していくか、その理由も含めて具体的に解答欄に記述せよ。(10点)
面接	形式	ロープレ20分 口頭試問10分	ロープレ15分 口頭試問5分	
	ケース	事前に5つのケースを公表(5つのうちどのケースに当たるかは当日判明)	事前にはわからない (試験直前に相談者情報が渡される)	
評価	合格点	100点満点で60点以上 (論述、面接それぞれで60点到達が必要) (全ての評価項目で60点到達が必要)	150点満点で90点以上 (論述、面接の合計点) (論述試験の満点の40%以上、かつ面接試験の評価区分(下記①～③)のいずれにおいても満点の40%以上の得点が必要)	
	評価区分	①基本的態度 ②関係構築力 ③問題把握力 ④具体的展開力	①態度 ②展開 ③自己評価	①主訴・問題の把握 ②具体的展開 ③傾聴

（3）求められる能力水準の違い

次に、この2級技能士は国家資格キャリアコンサルタントと何が違うのでしょうか。先に見ていただいたように、試験内容が違うのはもちろんですが、そこで求められている能力水準にも違いがあります。2級技能士に必要なものは何か、国家資格キャリアコンサルタントとの違いは何かを確認しておきましょう。

そこで参考になるのが、少し古い資料ですが、『熟練キャリア・コンサルタントに係る調査研究』（中央職業能力開発協会）です。この資料によると、「熟練キャリア・コンサルタント」（2級技能士レベル）と「非熟練」（国家資格レベル）との境界例として以下のことが挙げられています。

≪非熟練レベルのキャリア・コンサルタントについて≫

○　相手の言いたいことをきちんと受け止めておらず、相手が聞きたいと思っていることにきちんと答えていない（気持ちを感じていたとしても、それを「とても辛いのですね」、「悲しいのですね」等の的確な言葉として返すことができていない）。

○　キャリア・コンサルタント自身のキャリア形成が「わからない」、「語れない」こと自体に気づいていない。

○　フィードバックを受けずに、自分のキャリア・コンサルティングのパターンをつくっている（視野が狭くなり、自己満足に陥っている）。

○　クライアントに「役に立ちました」と言われて満足し、そこで留まってしまう（その先において、クライアントが行動レベルで変化しているかどうかを確認する意識がない）。

○　時間管理が不適切で、クライアントとの信頼関係の構築ができないままに終わってしまう。

○　自分の心身の健康状態が良くない場合に、傾聴が甘くなってし

まう。(自己管理)

○ 情報収集や教えることが得意で好きな場合に、情報や教育に偏った関わりとなってしまう。

○ 学生相談において、SPI等を参考に、「この学生はこのタイプだな」と勝手にパターンに当てはめて考えてしまう(キャリア・コンサルタントとしての誤謬に気づけるかどうか)。

○ キャリア・コンサルティングの現場での体験に頼ってしまう。あるいはその逆で、知識偏重になる。(現場感覚と知識・理論のバランスをとることが肝要)

(出典:中央職業能力開発協会「熟練キャリア・コンサルタントに係る調査研究」https://www.javada.or.jp/topics/pdf/H16_jukuren.pdf)

上記のようなことが「非熟練レベル」の方には見られることがあり、「熟練レベル」となるためには、これらのことを乗り越えていく必要があると指摘されています。

いかがでしょうか。これらはあくまで境界を示す一例ですが、2級キャリアコンサルティング技能士(熟練レベル)と国家資格キャリアコンサルタント(非熟練レベル)とのレベルの違いを垣間見ることができたのではないかと思います。

また、同資料では、この「熟練レベル」というのは、「カリスマ的な存在を求めるものではなく、安心してクライアントを任せられるレベルであり、本来的な意味で「標準」レベルである」とも述べられています。そういう意味ではこの2級技能士の試験で求められているものは、決して限られた人しか手の届かないようなレベルのものではなく、誰もが国家資格で学んだことをベースに、実践と研鑽により到達できる(到達することが望まれる)レベルということです。

2 関係構築と問題解決

２級技能士と国家資格キャリアコンサルタントの違いを、また少し別の角度から見てみましょう。これも以前から様々な場面で指摘されていることですが、国家資格キャリアコンサルタントに見られる課題が大きく２つあります。

それは、①「関係構築ができていない」、②「問題解決に話が進まない」というものです。２級技能検定の実技試験の対策場面でもよく見られる傾向なので、少し詳しく確認をしておきたいと思います。

①　関係構築ができていない（維持ができていない）

「関係構築」については、これまでも養成講座や国家資格受検の際にしっかりと学んで来たかと思います。おそらく多くの方は（特に面接冒頭で）関係構築のために様々な努力をしていると思います。「関係構築」は面接を進める上での基盤ですので、まずはこれがしっかりと行えるようになることは必須です。

おそらく、本書の読者の多くは国家資格保持者で、関係構築についてはある程度しっかりとできている（だからこそ、国家資格試験にも合格している）と思います。しかし、国家資格受験時から関係構築について苦手意識があるなど、関係構築に何らかの課題を感じている方もいらっしゃるかもしれません。そのような場合、まずはその課題を克服するところから始めましょう。

一方、国家資格受験の際には関係構築をしっかりできていたのに、２級技能検定の勉強を始めた途端、関係構築がおざなりになってしまう方もいます。どうしても後半の「問題把握」や「具体的展開」に意識を取られてしまい、早く問題を特定して、話を先に進めようとしてしまうようです。もしくは、そのために相談者をある特定のパターンに当てはめて、パターンに則って面接を進めようとする場面もときどき見られます。しかし、問題把握はしっかりと目の前の相談者の話を聞き、相談者を理解する中でこそ見えてくるものです。具体的展開も、適切な問題把握と、キャリアコンサルタントからの提案を相談者に受け入れてもらえるだけの関係性があってこそ活きてきます。

そういう意味では、問題把握、具体的展開をうまく進めていくためにもまずは相談者との間で関係をしっかりと築くことが大切です。国家資格試験でも、2級技能検定でも関係構築力は必須の能力なのです。

また、「関係構築」は適切に行ったとして、その後の「関係維持」についてはいかがでしょうか。こちらも意外と見落とされがちなポイントです。

相談者とキャリアコンサルタントとの信頼関係に配慮した関わりが必要なのは面接冒頭だけではありません。面接を続けている限り、ずっと意識しておく必要があるポイントです。特に面接後半、積極技法を用いる際などには関係性への配慮をしないままだと関係性は下がってしまうことが多いです。皆さんの中でも「これまでいい感じだったのに、目標や方策の話に進めていこうとしていると、だんだん相談者さんの反応が薄くなった」とか、「面接が進むにつれて、なんだか距離ができてきたような気がする…」という経験はありませんか（まずそのことに気付けていることは良いことなのですが）？　そんなときには関係性が弱くなってきているのかもしれません。できれば、関係性が落ちそうな場面では、その兆候に早く気付いて、しっかりと関係性を維持するためのかかわりを継続する必要があります。

国家資格試験では、面接は15分間なので、関係構築から問題把握くらいで時間切れになることが多いです。そのため、それほど話が進まないことも多いので、「関係維持」の必要性について、あまり意識することがなかったかもしれません。しかし、20分の面接を円滑に進めていくためには、相談者と良好な関係を維持し続けるための「関係維持」のための関わりが必須です。この2級キャリアコンサルティング技能検定では、関係構築に加えて、関係維持のための関わりができることが特に大切になってきます。

②　問題解決に話が進まない

ここで見られる課題は大きく２つです。１つは「気持ちを聴くことばかりでそこから先に進まない」ということです。もう１つは「相談者視点の問題把握しかできておらず、キャリアコンサルタント視点での問題把握ができていない」というものです。

養成講座や国家資格キャリアコンサルタントの受験の際には関係構築の大切さを学んできたと思います。①でも述べたように、まずは相談者との関係構築がしっかりと行えることは面接を進める上では大切なことですし、そのために相談者の気持ちをしっかりと相談者の枠組みで理解することも大切です。ただ、熟練レベルのキャリアコンサルタントとしてはそれだけだと物足りません。

よく見られるケースとして、いつまでも相談者の感情の言葉の繰り返しに終始しているうちに面接が硬直してしまう、というものがあります。また、相手の気持ちを聞いたり、話を深めていったりすることが上手な人にありがちなケースとして、相談者がいっぱい話をしてくれて、気持ちをどんどん深めていったのはよいけれど、相談者が本来ここで相談をしたかったことについては十分話が進まないまま時間切れになってしまった、というものもあります。

２級技能検定では、相談者との関係構築に留まらず（むしろ、それを前提として）、問題把握や目標・方策などの具体的な展開を見据えて相談を進めていく必要があります。気持ちを理解すること、関係を深めることはもちろん大切ですが、それ自体が目的ではありません。その点を十分理解せず、ロールプレイの練習でも「○○という感情の言葉を返してほしかった」といったような指摘に終始する場面もよく見られます。

繰り返しますが、気持ちを理解することは、面接を進める上でとても大切なことです。ただし、キャリアコンサルティング、特に、熟練レベルのキャリアコンサルティングとしては、それだけでは物足りません。

気持ちを理解することは、それ自体が目的ではありません。気持ちを理解することは関係を築く上での必要条件ではありますが、十分条件ではありません。また、関係構築もそれ自体が目的ではありません。

私たちキャリアコンサルタントにとってやるべきことは、相談者と仲良くなることではなく、相談者のキャリア形成上の課題の解決とその後のより良いキャリア形成を支援することです。2級技能士としては、そのための対話を進めていくスキルが必要になってきます。

また、それ以外にも「相談者視点の問題把握しかできていない（キャリアコンサルタントとしての問題把握ができていない）」という課題もあります。問題把握において、まずは相談者の訴える問題を適切に把握することは大切ですが、それだけでは物足りません。もし相談者が考えている問題が全てだとすると、相談者が相談に来た時点で解決できていないということは、これはもうどうしようもない（解決しようがない）問題だということになりかねません。

ただ、実際は何かしら相談者が気付いていないことや思い込みなどがあるから、解決につながっていないということが多いです。そのことに気が付くことで問題解決に有効な手だてが考えやすくなります。そのためには、しっかりと相談者の気が付いていない点に気が付いてくれる第三者（この場合は、相談対応するキャリアコンサルタント）の目が必要です。それが相談を行う価値であり、キャリアコンサルタントという他者が関与する意味でもあります。プロのキャリアコンサルタントとして「相談者の気が付いていない問題」にも気が付くことが必要です。それができていないということは、相談者に同感してしまっているか、問題を捉えるための視点が足りないのか、相談者に対する理解が足りないのか、などといった課題がありそうです。

キャリアコンサルタントとして共感は大切ですが、一方で、熟練レベルのキャリアコンサルタントとしては、相談者（の問題）を客観的かつ冷静に観る視点を持つこと。また、キャリアコンサルタントとして問題を捉える際の着眼点を身に付けておくことが必要です。

3 具体的なポイント

次に、こと技能検定についていうと、筆者がこれまで様々な受検者と接する中で、特に技能検定で苦労している方には大きく2つの傾向が見られます。

次章からの具体的な試験対策を見ていく前に、ご自身にも以下のような誤解がないか、確認をしておきましょう。

①　国家資格（または養成講座）で学んだことから離れられない

国家資格（または養成講座）で学んだことがしっかりと身に付いているのはすばらしいことです。しかし、本質的な理解ではなく、「○○すべき」、「○○してはいけない」などといったマニュアル的に学んだことを絶対視しすぎて、その枠組みから離れられなくなってしまっているとしたら、せっかく学んだことはかえって足かせになってしまいます。もしかしたら、皆さんもどこかでこのようなことを聞かれたことがあるかもしれません。

・相談者の話していないことは訊かない。
・感情の言葉を伝え返せばOK。
・こちらから余計なことは言わない。
・質問は極力避ける。
・相談者が言っていることが全て。余計な憶測はしない。

たしかに、これらのことは（やや誤解や誇張はあるものの）、とりあえず、面接冒頭で相談者が話したいことを自由に話せる環境を作る上では機能することもあります。また、これらの逆のことをして、相談者の自由な発話を妨げているキャリアコンサルタントを戒めるために言われていることでもあります。しかし、実際にはこれだけだと相談者は話すことがなくなって、早晩面接が硬直化してしまいます。キャリアコンサルタントとしては、相談者の話をしっかりと聞くと同時に、対話を重ねて、相談者とその抱える問題についての理解を深めていかなくてはなりません。その上では、相談者がまだ話していない（話せていない、気が付いていない等）ことにも焦点を当てる関わりや、効果的な質問により相談者の内省を深めたり、必要な情報を得たりする関わりができるようになったりすることが必要です。

また、国家資格（もしくは養成講座）で学んだことから離れられない別の例として、「特定の養成団体でしか使っていない言葉（定義）で面接を進めてしまう」という方もときどきいらっしゃいます。養成団体ごとに特徴があり、特定の団体でしか使っていない用語だったり、言葉の定義などがあったりします。しかし、技能検定は様々な養成団体の方が（または、養成講座を受講されていない方も）関わっています。相手にも通じると思って使った言葉が通じなかったり、別の意味で捉えられてしまったりすることもあります。

これは同じ養成講座を受けた仲間同士だと気が付かない点かもしれません。気になる方は、他の団体出身の方、もしくは、様々な団体出身の方と関わりのある方に確認しておくとよいでしょう。

②　国家資格（または養成講座）とは違うと思いすぎている

一方で、国家資格は国家資格、技能検定は技能検定、と全く別のものとみなしてしまい、国家資格受験時に習ったことを全て脇に置いて進めてしまう方も見られます。

- 関係構築はほどほどに、とにかく早く問題をつかまないといけない。
- ○○（家族、仕事等）のことは必ず聞かないといけない。

・要約は○回行わないといけない。
・20分で方策まで言わなければいけない。
・方策は理論を使えばOK。

これらの思い込みの多くは、「20分で目標設定・方策実行まで進めなくてはいけない」と意識しすぎていることからきているようです（面接試験の章で述べますが、これもよくある誤解の一つです）。

20分という限られた時間を効率的に使おうと、最初から「まず○○を聞いて、次に○○を聞いて…」とチェックリストのように質問を重ねていったり、「○分で何をして、○分までに何をして…」といったキャリアコンサルタント側のタイムスケジュールで面接を進めたり、といったようなことが見られます。いずれにしても、目の前にいる相談者を置き去りにしたまま、どんな相談者に対しても型通りに進めようとしていることが特徴です。

面接はただのおしゃべりではないので、面接を進める上での目的意識や時間感覚を持つこと自体は必要なことです。しかし、それは、目の前の相談者を置き去りにしてよいことにはなりません。何より「相談者主導」というキャリアコンサルティングの基本を大切にしなければ、高得点を望むことは難しくなります。まずは一人ひとりの相談者の言葉に耳を傾けるとともに、それぞれに合わせた面接を進めていくことが求められています。これは、国家資格（養成講座）の際に学んできた（はずの）ことであり、２級技能検定で求められているものはその延長線上にあると認識していただければと思います。

上記①、②の両者に共通しているのは、「関係構築」と「問題解決」をトレードオフ（どちらかを行うとどちらかが成り立たない）と捉えているということです。しかし、実際には相談者のキャリア支援という意味では「問題解決」は「関係構築」の延長線上にあります。どちらかを行えば、どちらかが置き去りになってしまうのではなく、両方が必要で、両立が可能なものです。むしろ、どちらかをしっかり行うことで、もう一方もより適切に進められる、相乗効果を狙っていくものだと理解していただければと思います。

また、これから勉強を進めていく際に、全ての受検者に押さえておいていただきたいポイントがあります。それは、「○○したほうがよい」、「○○しないほうがよい」などといったアドバイスやテクニック的な話を、“いつでもどこでもそうすればよい”というようなマニュアル的なものとして捉えないようにしていただきたいということです。

特にロールプレイの練習をしていると、相談者役やオブザーバー役からのフィードバックとしてアドバイスを受けることもあるでしょう。その中にはもちろん有意義なものもたくさんありますし、他者からのフィードバックに耳を傾ける謙虚さは大切です。しかし、一方で意識しておいていただきたいのは、それらのフィードバックの多くは、「その場面では」、「その相談者の場合には」という条件付きだということです。どんな場面、どんな相談者にも該当するといったものではありません。

せっかくいただいたフィードバックやアドバイスを有効に活かすためには、少なくとも、「○○したほうがよい」、「○○しないほうがよい」といった表面的な行動のアドバイスだけでなく、その場面で、その相談者にとって「どうしてそのようにする（しない）のがよいのか」という根拠まで含めて説明してもらい、その根拠を理解した上で、フィードバックやアドバイスを取り入れることをお勧めします。

以上のことを踏まえた上で、次章からはいよいよ具体的な実技試験対策に入っていきます。まずは論述試験対策から始めていきましょう。

第 4 章

実技論述試験

1 問われる内容

論述試験は、相談者とキャリアコンサルタントのやり取り（逐語記録）を読んで、その内容を踏まえて設問に答えていくというものです。試験時間は60分です。読むべき逐語記録は見開き2ページ、およそ6～7往復のやり取り（合計12～14回の発話）です。それほど多い量ではありません。設問も3問だけなので、一見すると時間は十分にあるように思えます。ですが、実際に解いてみると意外と時間がないと感じられる方も多く、タイムマネジメントも重要な要素になります。100点満点中60点以上で合格となります。

また、論述試験対策に取り組む際、意識しておきたいことは、論述試験は「実技試験」であるということです。記述式の試験なので、なんとなく学科試験の延長だと思われがちですが、学科試験と違い、知識を問うこと自体を目的にした試験ではありません。

実技試験なので、実際にキャリアコンサルティングを行うスキルがあるか、行動ができるかが問われています。論述試験ですので、相談者が目の前にいる訳ではなく、自分が直接相談者と関わる訳ではないので、実際の面接とは少し異なります。相談事例を読み込みながら、「こういう場合自分だったらどのように考えて、どのように支援するか」を考える、という作業になります。言ってみれば、論述試験の答案は支援の計画書、設計図みたいなものです。それを作成する試験です。

つまり、実技試験においては、相談者の問題とそれに対する支援の方向性について、

・論述試験では、「どのように問題を認識し、どのように支援を計画したか」
・面接試験では、「実際に行動（実践）できるか」

という２段階で受検者のキャリアコンサルティングのスキルを評価しています（ですので、論述、面接双方に合格する必要があるといえます）。

そこで、まずはこの論述試験では実際のキャリアコンサルティング面談の場で相談者に役立つ支援の計画書、設計図が描けることが求められています。

2 事例の種類

では、論述試験ではどのような相談事例が出題されているのでしょうか。下記に過去の出題から、相談者と相談概要を書き出してみました。まずはこれらを眺めて出題のイメージを捉えていただければと思います。

【主な相談内容例】

相談者の属性	主な相談内容例
学　生	**・インターンシップの悩み** 例）大学生　応募に際してどうしていいかわからない。 **・就職活動の悩み** 例）大学生　具体的に何をどうしたらいいかわからない。 大学生　留年してでもしっかり就職活動したほうがいいか。 **・進路の迷い** 例）大学院生　進学か就職か。 大学生　一般企業に就職か教職か。
在職者	**・転職の迷い** 例）20 代女性　このままではいけない。資格取得か転職か。 20 代男性　早く SE になるため転職するか迷う。 30 代男性　今の働き方に納得ができない。転職できるか。 40 代女性　評価されないなら転職するか、今の仕事を続けるか。

	・働き方の迷い 例）30 代女性　パートを辞めて正社員になるか。 20 代女性　パートを続けるか正社員登用か。 30 代女性　子育て中。派遣を続けるか、正社員に転職か。 **・働き方の変化への戸惑い** 例）20 代女性　無期転換後、仕事でうまくいかない。 **・異動・出向への戸惑い** 例）30 代男性　突然の出向にショック。 **・定年後の方向性の迷い** 例）50 代男性　定年後の選択肢に迷う。
失業者	**・再就職の悩み** 例）中高年男性　希望条件に合う再就職先が見付からない

全体を眺めてみると、在職者の出題回数が一番多く、次が学生、そして、失業者の順になります。在職者の場合は、転職に関する出題が最も多いです。次いで働き方（雇用形態間）の迷いです。また、学生は就職活動や進路に関する悩み、失業者の再就職活動の悩み（希望に合う再就職先が見付からない）、などが出題されています。

3 解答のポイント

それでは、具体的な解答のポイントを見ていきましょう。まずは、設問を確認します。設問は過去において若干変化していましたが、直近では下記の形で安定しています。

問１：相談者がこの面談で相談したい「問題」は何かを記述せよ。
問２：キャリアコンサルタントとしてあなたが考える、相談者の「問題」は何かを記述せよ。
問３：あなたは、上記２つの「問題」を合わせ、相談者を援助するために、
①どこに目標をおいて、②どういうことを実施したいか。
目標と具体的な方策を記述せよ。

問１、問２は併せて「相談者の問題の核心は何か」ということです。
問１は相談者自身の視点で捉えた問題、問２はキャリアコンサルタントの視点で捉えた問題を記述していきます。
問３は上記「問題の核心」に対して「どのように解決を進めていくか」です。

ここで、論述試験は実技試験であるということを再度思い出してください。論述試験の問題はキャリアコンサルティングプロセスに則った構成になっています。図に示すと次ページの通りです。
論述試験は、４つの評価区分のうち「問題把握力」と「具体的展開力」に係る設問で構成されています。論述試験では、相談者とのリアルタイムのやり取りがありませんし、試験官が「基本的態度」や「関係構築

【論述試験とキャリアコンサルティングプロセスの関係】

<table>
<tr><th>基本的態度
関係構築力</th><th>問題把握力</th><th>具体的展開力</th></tr>
<tr><td rowspan="3">関係構築</td><td>問１
相談者視点の問題
（何に困って相談したいか）</td><td rowspan="2">問３①、②
目標・方策
（問題に対する具体的な対処行動とその結果としての行動、内面の変化）</td></tr>
<tr><td>問２
キャリアコンサルタント視点の問題
（キャリアコンサルタントの見立て）</td></tr>
<tr><td colspan="2">関係維持</td></tr>
<tr><td colspan="3">基本的態度</td></tr>
</table>

力」を直接的に評価するのは難しいので、それらは面接試験で評価が行われます。もちろん、そうはいっても論述試験に取り組む際にも「基本的態度」や「関係構築力」についても意識して取り組むことは必要です。

それでは、ここからは各設問の内容と解答のポイントについて見ていきましょう。

問１：相談者がこの面談で相談したい「問題」は何かを記述せよ。
（20点）［解答枠５行］

相談者の訴えている「問題」を把握する。

ここで問われていることは、いわゆる主訴（相談者視点による問題）です。問１では、相談者が何を相談したいのかを相談者の言葉で記述します。

相談者は、相談に来たとき、まずは来談経緯として、今日どのような悩みで相談に来たのかを話してくれます。その後、対話を続ける中で本当に悩んでいることや、相談者自身が認識している課題を話し始めます。そこで、この問1では来談経緯と相談者が話した内容を要約する形で記載をしましょう。この要約は、面接で相談者に伝えたときに「そうなんです」と言ってもらえそうな内容になっていることが必要です。

解答を作成する際のイメージとしては、逐語記録の中の相談者が話していること（CL1、CL2…）を要約することです。とはいえ、解答枠の限られたスペースに何を盛り込めばよいのでしょうか。ポイントは、会話（逐語記録）の中で「相談者が強く訴えていること」を汲み取っていくことです。では、具体的にはどのように解答をすればよいのでしょうか。解答のポイントを見ていきましょう。

（1）キーワードを押さえる

問1では、逐語記録から相談者が相談したい内容を要約します。その際、限られた解答枠へ、相談者の発言のどの部分をどのように抜き出すのかがポイントになります。相談者の相談したいこと（強く訴えていること）が表れているのはどこでしょうか。

そこで、下記のキーワードに着目しましょう。

①　最初に言った言葉

論述試験の逐語記録は、初回面談の冒頭（キャリアコンサルタントの「本日はどういったご相談ですか」などの言葉）から始まることが多いです。通常の面接でもそうですが、相談者は相談したいことがあるから来ているので、面接の冒頭に（完全な形ではないにせよ）相談したいこと（相談者が訴えている問題）について話してくれることが多いです。

②　気持ちが付随する言葉

問題は、状況や出来事（事柄）そのものではなく、それに対してどう思うか（気持ち）によって生じます。ですので、問題を語るときには、事柄について話していても、そこに知らず知らずのうちに気持ちが付随するものです。つまり、気持ちが付随する言葉は相談者にとって意味のある（相談者の訴える問題と関連がある）ことが多いです。

気持ちが付随する言葉とは、「うれしい」、「悲しい」のような感情を表した言葉だけでなく、「心にぽっかり穴があいた感じ」、「こんな何もない自分」などのような相談者の特徴的な強い表現の言葉も含みます。

③　希望や願望を表す言葉

「～したい」、「～したかった」という希望や願望の言葉には相談者の強い思いが込められていることが多いです。相談の時点でその希望や願望がかなっていない（かなわなかった）ことが相談者の訴えている問題と結び付いていることが多いです。

また、否定形の「～したくない」、「～したくなかった」という言葉も相談者の強く訴えていることであったりします。

④　繰り返す言葉、対比する言葉

人は言いたいことがあると、その言葉を何度も繰り返し使います。同じ言葉を繰り返すだけでなく、似たような言葉（同義語、類義語）や何かと対比させて訴えている場合もあります。

（2）相談者の言葉をそのまま使う

問１はあくまで相談者が訴えている問題を記述するものなので、解答に用いる言葉も相談者が発している言葉をそのまま使うのが原則です。例えば、「困っています」という相談者の言葉を「不安」などと勝手に言い換えるのはあまりよくない、ということです。

なぜなら、言葉にはそれを発する人ならではの意味合いが込められていることが多いものです。キャリアコンサルタントが勝手に言い換えてしまうと、たとえそれが辞書的には同じような意味を持つ言葉だったとしても、相談者にとっては異なる意味合いとなってしまうこともあります。つまり、キャリアコンサルタントが言い換えることで相談者の気持ちとずれてしまう危険性もあるので、要注意です。

(3) 言葉をつないで解答をまとめる

上記のことを踏まえながら、相談者が訴えている問題が何かをまとめていきます。限られた解答枠なので、(1) で拾ったキーワード全てを記述することはできないかもしれませんが、相談者は、

① どんな状況で
② どんなことがあって
③ 何に困っている(相談したい)のか

をまとめて書き出していきましょう。要約なので、相談者の話の最初、中盤の変化、終盤での言葉をつないでいくのですが、行数が足りない場合には最初の言葉と、最後の言葉を中心に要約するようにまとめるとよいでしょう。

書き出したことを相談者に伝えたとしたら、「そうなんです」と言ってもらえそうでしょうか。そうであれば、問1は完成です。反対に、「それもありますが…」とか、「そうではなくて…」などと言われそうだとしたら、再考の余地がありそうです。

問2:キャリアコンサルタントとしてあなたが考える、相談者の「問題」は何かを記述せよ。(20点)[解答枠5行]

相談者が気付いていない「問題」を把握する。

ここで問われていることは、キャリアコンサルタント視点による問題、いわゆるキャリアコンサルタント自身の「見立て」です。相談者自身が気付いていない(もしくは、目を背けている)けれども、相談者の訴えている問題の要因、もしくは、その問題の解決を妨げている要因をここ

での「問題」として列挙していきましょう。また、その根拠として相談者の発言や行動を記載するとよいでしょう。

問２を考える際のポイントは以下の通りです。

（1）相談者視点とは区別する

解答欄に、「相談者視点の問題」と「キャリアコンサルタント視点の問題」を混在させて記述しているケースをよく見かけます。相談者自身が訴えている問題は問１に記載し、問２では相談者が気付いていない（訴えていない）、キャリアコンサルタントとして考えた問題を記述するようにしましょう。

（2）複数の問題を書く

多くの場合、相談者の抱える問題は１つではありません。熟練レベルのキャリアコンサルタントとしては、１つの視点からだけでなく、いくつもの視点から複数の問題を見付けられるようになるとよいでしょう。

そのためには、問題を把握する上での「視点」を持っておくと役に立ちます。例えば、①キャリア形成上の問題、②思考・行動特性上の問題、③感情面での問題、④環境（他者）との関わりの問題などから、相談者の抱えている問題はないか見立てていきます。

「なかなか思い付かない」という方もいらっしゃるかもしれませんが、以下の項目で着眼点を挙げていきますので、これらを参考に、１つの側面に縛られず、多面的に問題を捉えられるようになるとよいでしょう。

（3）キャリア形成上の問題はないか

いわゆる「キャリアガイダンスの６ステップ」を参考に、相談者にキャリア形成上の問題はないかを見立てていきます。例えば、下記のような点に問題はないでしょうか。相談者はこれらの点について十分に理解したり、考えたりできているでしょうか。

自己理解	①　職業興味（どんなことが好きか、興味があるのか） ②　価値観（働く上で何を大切にしているのか、やりがいを感じるか） ③　職業経験（どんな経験があるのか） ④　職業能力（何ができるか、何が得意か） ⑤　環境（置かれている環境を理解しているか）
仕事理解	①　仕事（職業以外も含む）（どんな仕事があるか） ②　労働市場（求人がどれくらいあるか、条件等はどのようなものか） ③　職務内容（具体的な職務、労働条件、その仕事に必要な能力等） ④　仕事上の期待や要請、責任（周囲から何を期待されているか） ⑤　職務や役割（現在および将来の職務・役割。キャリアパスなど）
自己啓発	①　働く意味・意義の理解（何のために働くのか）
意思決定	①　ライフプラン（家族との基本的な生活設計、マネープランなども含む） ②　中長期視点（中長期的なキャリアプラン、キャリアビジョン） ③　意思決定（情報の整理）

※　6ステップのうち、「方策の実行」「新たな仕事の適応」については、問2では該当する部分があまりないため割愛。

また、2級は「熟練レベル」の試験であることに鑑みると、より一歩踏み込んだ問題把握が求められていると考えられます。例えば、ただ単に「自己理解不足」と書くに留まるのではなく、自己理解の中でも特に「何」について理解が不足しているのか（例えば、「『職業興味』についての理解が不足している」など）まで踏み込んで記述できるようになると、なおよいです。問題は具体的なほうが、このあとの方策も考えやすくなります。

（4）思考・行動特性上の問題はないか

相談者の思考・行動特性が問題の要因になっていないか。例えば、次のようなものが考えられます。

・問題を一人で抱え込んでいる
・自己肯定感が低い（ネガティブ思考など）
・思い込み（イラショナルビリーフなど）　など

（5）感情面での問題はないか

過度の焦りや不安、感情の高ぶりなどはないか。冷静に考えられる状態か、視野が狭くなっていないか、など。また、自己効力感が下がっていて、前向きな発想や取るべき行動が取れなくなっている、などもここに含まれます。

（6）環境（他者）との関わりに問題はないか

周囲とのコミュニケーション、関係者から必要な情報を得る、フィードバックをもらうなど、周囲に対して必要な関わりや働きかけができているか。または、環境（他者）からの影響を受けすぎて主体的に考えることができていないのではないか、など。

（7）根拠を明確に書き、記述方法にも工夫する

設問には「根拠を記述せよ」とは書かれていませんが、根拠のない指摘はキャリアコンサルタントの決め付けになりかねません。ですので、わかりにくい場合は問題点の指摘だけでなく、その根拠も併せて記述し

ます。根拠は逐語記録の中にある相談者の発言、行動から記述します。

ときどき受検者の中には「つい深読みしすぎてしまう」という方もいます。相談者に思いを巡らせることはとても大切な姿勢ではありますが、論述試験は面接とは違い相談者本人に確認ができないため、せっかく考えた問題が、採点者には「決め付け」とみなされてしまうことも多いです。論述では問題文中に明確に根拠（具体的な相談者の言動など）があることに絞って問題を捉えるようにしましょう。

また、ここで捉えた問題は今の段階ではあくまで「仮説」です。そのため、記述方法にも工夫が必要です。例えば、「～思われる」「～考えられる」等のオブラートな表現を用い、断定調での表現は避けたほうが良いでしょう（ただし、逐語記録に十分な根拠がある場合は断定調での記述も可能です)。

（8）相談者自身が解決できる問題を書く

言い方を変えると、相談者自身では解決できない問題は書かないことです。例えば、過去のことや他人のこと、世の中の問題などです（「これまで○○してこなかったことが問題」、「親が過干渉なことが問題」、「職場の理解がないことが問題」、「景気が悪いのが問題」など)。

たしかに、それらが相談者の問題を作り出している場合もありますが、キャリアコンサルティングにおいて問題解決に取り組むのは相談者なので、これらのことを問題として取り上げても、相談者だけの力ではどうしようもありません。「そんなこと言われても…」となってしまいます。

また、現在の相談者の能力や状況から考えて、明らかに解決できそうにないことも書きません。例えば、大学を卒業して就職したばかりの相談者に、いきなり「(今現在）マネジメント能力がないのが問題」と言われても、言われたほうも困ってしまいますよね。この後、この問題の解決のため行動するのは相談者です。相談者の能力で（少なくとも現実的な努力によって）対応できそうなこと、行動で変えられること、相談者が「それなら解決できそうだ」と思えるようなことを書きましょう。

（9）批判的な論調にならない

相談者が気付いていない問題点を把握するので、冷静な目で相談者のことを見ることは必要です。

とはいえ、相談者を非難したり、人格を否定したりするような記述はキャリアコンサルタントのあり方としてふさわしくありません。例えば、「考えが甘い」とか「頭が固い」などと言われてうれしい相談者はいないでしょうし、どうやってそれを解決するのかという問題もあります。

相談者を批判的に見てしまう場合、特に相談者に対して強い批判や非難の感情が動く場合というのは、キャリアコンサルタント自身の価値観が影響している場合があります。相談者に対して批判的になっていないか、もしなっているとしたら、その問題が客観的に見ても（自分の感情や価値観から離れて見ても）、本当に問題と言えるものかどうかを考えてみましょう。

それでもやはり、そのことが問題だと考えたときには、そのことを批判的な表現でそのまま書くのではなく、どうして相談者がそのような状態になっているのかを考えてみましょう。例えば、先ほどの「考えが甘い」などという場合、それは性格の問題ではなく（実際にはそういうこともあるかもしれませんが、「性格を変える」というのはキャリアコンサルティングにおいては解決策になりにくいので直接は扱いません）、そこには相談者の情報不足や思い込みなどがあるかもしれません。その場合は、⑻とも重なりますが、「解決できる問題」として、情報不足や思い込みのほうを問題として取り上げ、対処を考えていきましょう。

（10）相談者の問題解決に役立つことを書く

⑵で「複数の視点で書く」ことが大切だとお伝えしましたが、何でも言えばよいという訳でもありません。当然ですが、相談者の役に立た

ないことをいくら書いても相談者のためにはなりませんし、点数にもつながりません。複数の問題点からどれを解答用紙に書こうか考える際は、「これは相談者の訴える問題の解決に役に立つものか？　相談者のためになるか？」という観点からチェックしてみましょう。

問３：あなたは、上記２つの「問題」を合わせ、相談者を援助するために、①どこに目標をおいて、②どういうことを実施したいか。目標と具体的な方策を記述せよ。（60 点）
［目標：解答枠３行、方策：解答枠９行］

Point

「目標の設定」の書き方

（1）問 1、問２の問題が解決した状態を書く

論述試験では問 1〜3 の解答の整合性が問われているので、ここの目標では問 1、問 2 の問題を解決した結果、見える相談者の状態を記載します。

特に大切なのは、最終的に相談者の訴えていた問題（問 1）を解決するものになっていることです。この目標を達成するために、②のいろいろな方策を行っていくことになるのですが、それを実践するのは相談者だからです。どれだけ客観的に見て相談者のためになる目標でも、相談者が求めていないものは受け入れられません。この目標を伝えたときに、相談者が「これは自分の問題が解決した状態だ」と認識してもらえること、そして「こんな状態になりたい」と思ってもらえるような目標を立てます。

（2）主語は「相談者」

目標とは、「相談者がどうなっているか」の状態を描くものです。

キャリアコンサルタントの目標（「(キャリアコンサルタントが) ～することを支援する」など）ではありません。また、②方策の要約でもありません。②方策を行った後の相談者がどうなっているかを書きます。

(3)「最終目標（大目標）」と「短期目標（小目標）」の双方を書く

目標には、「相談支援を行った結果、相談者がどのような状態になっているか」を記述します。これはいわば、「最終目標（大目標）」です。そこに至るまでにはいくつかの「短期目標（小目標）」があります。解答枠には３行もあるので、最終的な目標だけでなく、そこに至るプロセスである「小目標」も併せて記載します。

いくつかの「小目標」を１つずつ達成することで最終的に「大目標」の達成に至る、という構造をイメージして書きます。

例えば、学生の就職活動の相談事例で、「今後の就職活動の方向性について主体的に意思決定ができるようになる」ということが最終目標(大目標）だったとします。

これだけだと、問３①の解答として具体性に欠けますし、解答枠が余ってしまいます。そこで、この最終目標だけでなく、そこに至るプロセス（短期目標＝小目標）についても言及しておきます。例えば、この場合ですと、この「今後の就職活動の方向性について主体的に意思決定ができるようになる」状態に至るまでには、まずは相談者が自己理解や仕事理解を十分に深めている（つまり、主に問２で挙げられている問題を克服した状態になっている）ことが必要です。

そのため、「今後の就職活動の方向性について主体的に意思決定ができるようになる」という最終目標だけではなく、併せてそこに至るプロセス（小目標）を記述します。

例えば、次のような形です。

最終目標：「今後の就職活動の方向性について主体的に意思決定が

できるようになる」

この目標に到達するには…（下記の「」はキャリアコンサルタントの心の声）

①「相談者は十分に自己理解を深めないといけないな…」

→小目標１：相談者が、自身の強みややりたいことをはじめ、興味、能力、価値観等の自己理解を深める

②「相談者は仕事理解をしっかりと行っておかないといけないな…」

→小目標２：相談者が、具体的な業種、職種と仕事に就くための要件等について仕事理解を深める

③「相談者は就職した後のキャリアプランを明確化しないと…」

→小目標３：相談者が、就職した後のキャリアプランを明確にする

これらを踏まえた上で、解答は下記のイメージで作成します。

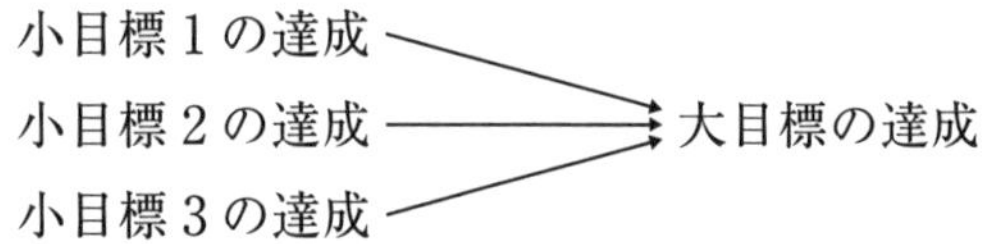

上記の例を使って具体的に記述すると以下のようになります。

目標１：相談者が、自身の強みややりたいことをはじめ、興味、能力、価値観等の自己理解を深める。２：具体的な業種、職種と仕事に就くための要件等について仕事理解を深める。３：就職した後のキャリアプランを明確にした上で、今後の就職活動の方向性について主体的に意思決定ができるようになること。

目標１（自己理解を深める）、目標２（仕事理解を深める）、そして、

目標3の前半（就職した後のキャリアプランを明確にする）までが小目標、その上で、「今後の就職活動の方向性について主体的に意思決定ができるようになること。」が大目標です。まずは、小目標1、2、と3の前半を達成させます。そして、これらの状態がそろったところで、大目標を達成する、というイメージです。小さな達成を積み上げていった先に、目標達成があるともいえます。

他の人が解答を読んで、目標（最終目標）に至るプロセスをイメージできるような記述であることが大切です。

（4）「目標」と「方策」を区別する

受検者の解答を拝見すると、「目標」と「方策」が混在しているケースが見られます。実際、「目標」と「方策」は連続しているので、同じことでもどこで区切るかによって「目標」にも「方策」にもなりえます。そこで、解答作成時の一つの目安として、方策は「何をするのか」(行動)、目標は「(それをやった結果）どのような状態になるのか」(状態）と捉えると書きやすくなるでしょう。目標（の文末）が「○○すること。」となっている場合は、「本当にこれが目標だろうか？（方策ではないか)」と立ち止まって考えてみてください。

「目標を実現するための支援」（方策の書き方）

（5）実際の面談のプロセスに沿って記載していく

方策の記述は、「まず、①～を行う、次に②～を行う、そして、③～を行う…」というように実際の面談のプロセスに沿って記述していきます。

そして、まずは、関係構築（維持）に関する記述から始めます。論述試験では相談者が目の前にいないので、実際のところ関係構築について確認はできません。しかし、やはりキャリアコンサルタントとしては相談者との関係構築をしっかり意識している姿勢を見せたいものです。そして、方策に取り組む順に記述して、最終的には目標に達する、というような構造です。

なお、方策の順番について、1つ注意点があります。キャリア形成上の問題に取り組む際は、順番が大事です。ここでキャリアガイダンスの6ステップを思い出してください。この順番は自己理解→仕事理解→自己啓発→意思決定…の順番になります。方策を行う際もこの順番に則って進めます。「自己理解」の前に「仕事理解」は行いません。「自己理解」に取り組んでから、「仕事理解」…という順番で進めていきます。

（6）具体的なことを書く

例えば、「自己理解を深める」だけでは方策としては不十分です。具体的に、「自己」の「何」（例えば、興味、能力、経験、価値観…）についての理解を深めるのか。また、自己理解を深めるために、具体的に何をするのか。例えば、VPIなどの職業興味検査を行うのか、キャリアシートを書くのかなど、「何のために」、「何をするのか」という「具体的な方策」を書く必要があります。

言い方を変えると、「どの問題にも当てはまる」ような書き方では点数につながりにくいです。例えば、先の「自己理解を深める」だけでは抽象的で、どのケースにも言えそうです。そこで、上記のように内容に具体性を持たせることで、「この相談者ならでは」のものになっていきます。

（7）主語がわかるように書く

方策を記述する際は、取り組む方策の中身だけでなく、誰がそれをするのかがわかるように記述しましょう。主語が書かれてなくても、文章が成り立つ場合もありますが、わかりづらい場合は忘れず記述します。例えば、「インターネットなどから必要な情報を収集する」だけだと、これは相談者がやることなのか、キャリアコンサルタントがやることなのか、などがわかりません。ですので、そのような場合は「相談者が～」、「キャリアコンサルタントが～」、「相談者とキャリアコンサルタントが一緒に～」という感じで主語を明確にして記述すると誤解がなくなります。

（8）問１、問２の両方に関連することを書く

問１（相談者視点の問題）、問２（キャリアコンサルタント視点の問題）の両方に関連することを書きましょう。特に、問２で挙げた問題は相談者の問題解決・目標達成のために解決しなければならない問題です。問２には複数の問題が挙げられていると思いますが、それらを１つずつ解決していきます。問２で挙げているのに、問３で触れていない、ということのないように、整合性を意識して解答します。同じ理由で問２に書いていないことは、基本的にはこの問３②方策には書きません。書くとしても、まずは問１、問２に関連することを書いてから、あくまで付加的な要素として書きます。「また、必要に応じて～」など、条件付きの追記をしておくと、整合性を崩さなくてよいかもしれません。

（9）相談者が嫌がっていること、拒否されそうなことは書かない

実行するのは相談者だということを常に念頭に置いておきましょう。たとえ、キャリアコンサルタントが必要だと思っても、相談者の意に反することは書かないほうが無難です。面接でも、相談者に拒否されるか、表向き同意したように見えても実行してもらえる可能性は低いからです。

例えば、上司との関係性がよくない相談者、という場合です。

「○○については、上司には話したくない」、「上司とは話もしたくない」などと言っている相談者に対して、「上司と相談する」という方策は（キャリアコンサルタントが「上司とのコミュニケーションが必要だ」と考えたとしても）あまり意味を成しません。ここで、「上司と相談する」というのは、「相談者の意思を無視した面談」になってしまいます。

この場合、まずは同じような効果を得られるほかの方策を考えた上で、それでもどうしても上司との相談が必要であれば、いきなり「上司と相談する」とするのではなく、「上司との相談の必要性について考えてもらう」とするなど、相談者本人が自分の意志で「やってみよう（あるいは、やったほうがよい）」と思えるようになる土台作りから取り組む必要があります。

（10）全ての解答を書き終えたら

全ての解答を書き終えたら、問1〜問3までの一貫性を確認しましょう。各問で解答した内容がそれぞれ論理的につながっていることが重要です。上（問1）から読んでも、下（問3）から読んでも話が筋道だっていることが必要です。

3 全体を通じた解答のポイント

各設問の解答のポイントと合わせて、論述試験全体のポイントを確認しておきます。

（1）まずは相談者情報（キャリアコンサルタント情報も）を確認する

問題文冒頭には相談者情報（年齢、性別、家族構成、簡単な経歴等）が記載されています。限られた試験時間なので、すぐに逐語記録を読み始める方も多いかと思いますが、まずは相談者情報の確認から始めましょう。特に学生のケースでは、「何年生」で、相談日が「何月」かは、解答をする上で重要な情報になります。

また、キャリアコンサルタントの情報も記載されているので、そちらもあわせて確認しておきましょう。これまでの試験では、ほぼ毎回「民間の相談機関の専任社員」ですが、第20回では「大学内キャリアセンターの相談員」となっていました。キャリアコンサルタントの立場も確認した上で読み進めていきましょう。

（2）記述量を考慮する

1行当たり40～50文字程度が目安です。行はなるべく全て使用します。ちなみに、解答が枠からはみ出すと採点されないので要注意です。自分の文字の大きさも考慮して、普段字が大きくて1行40字も書けないという場合には、文字を気持ち小さく（小さくするのが難しい場合は細長く）書くことを意識してみるとよいでしょう。枠内に必要なことがしっかりと記述できるようにしておきましょう。

(3)「手書き」で練習する

最近は普段はパソコンで文章を書くことがほとんどだと思います。ただ、試験は手書きでの解答なので、練習の時から手書きに慣れておきましょう。パソコンと違い、書いたり消したりが気軽にできません。ある程度書きたいことの全体を考えてから書き出す必要があります。途中で書き直すと「残すべきところまで消してしまって焦った」なんてこともあります。手書きに適した文章の書き方、道具の使い方を身に付けましょう。

また、誤字・脱字にも要注意です。そして、「漢字が浮かんでこない」というのも論述試験ではよくある悩みです。間違った漢字を書くくらいならひらがなで書いたほうがよかったり、そもそもひらがなで書いても差し支えないものもあったりしますが、せめてキャリアコンサルティングで使用される基本的な用語はしっかりと正しく書けるようにしておきましょう。

ちなみに、「字が上手でない」という悩みもよく聞きます。たしかに、文字はきれいに書けるのに越したことはないのですが、上手でなくても丁寧に書けばよいでしょう。せめて読み手が難なく読める字を書くことに努めましょう。また、自分にとって使いやすい筆記用具(書きやすい鉛筆やシャープペンシル、消しやすい消しゴムなど)を揃えておくのもよいかもしれませんね。

(4)時間配分に気を付ける

60分はあっという間です。「せっかくあれこれ考えていたのに、解答用紙に書く時間が足りなかった…」というのは、とてももったいないです。逐語記録を読んで、それぞれの設問に答えて、見直しをして…だいたい、それぞれの工程に、そして、全体としてどのくらいの時間がかかるのか（かけられるのか）。普段から練習をする中で自分に合った時間配分を身に付けておきましょう。

（5）問1～問3のつながり（一貫性）を確認する

論述試験においては、各設問の解答内容の良し悪しもありますが、それ以上に全体を通して一貫性があることが必要です。

一通り解き終わったら、解答を再度読み返します。相談者、そして、キャリアコンサルタントとして捉えた問題を踏まえた目標になっているか、目標を達成するために適切な方策になっているか、逆に、解答に書いている方策を行えば目標に到達するのか、この目標は問題を解決するものなのか、といった視点で読み返して確認しましょう。どこかに矛盾や過不足を感じれば、要修正です。上（問1）から読んでも、下（問3）から読んでも論理的につながっていることが大切です。

4 論述の問題例

それでは、これまでの内容を踏まえて、具体的な問題と解答例から、さらに学びを深めましょう。まずは下記の演習問題を解いてみてください。その上で、次節の解答例比較のページに進みましょう。

なお、解答用紙は協議会サイトのものを参考にしてください。過去問題のページ（https://www.career-kentei.org/about/learninfo/）から最新の論述解答用紙がダウンロードできます。

演習問題

問題　「逐語記録」を読み、以下の問いに答えなさい。解答用紙の設問ごとに記述すること。

相談者（CL と略）：21 歳　女性　私立四年制大学 3 年生（文学部日本文学科）
家族 / 父 55 歳（会社員）、母 54 歳（主婦）、妹 16 歳（高校 2 年生）
本人の希望で来談

キャリアコンサルタント（CC と略）：民間の相談機関（学生、社会人その他様々な人を対象にしたキャリア相談窓口）の専任社員

【逐語記録】

CC1　こんにちは。今日はどのようなご相談ですか。

CL　はい。今、大学の３年生でもうすぐ就職活動が本格的に始まります。ただ、このままだとどこからも内定がもらえないんじゃないかと悩んでいます。

CC2　就職活動について不安なお気持ちがあるのですね。

CL2　そうですね…。先日キャリアセンター主催の就職セミナーに参加したのですが、内定をもらうためには自分ならではの「強み」がないといけない、と言われたのですが、今の自分には強みってないなと思って不安になりました。このままだとどこからも採用してもらえないと思えてきて…。

CC3　自分には強みがないなと不安を感じておられて、内定がもらえないのではないかと思えてきたのですね。

CL3　はい。それに、セミナー後、学部の友達と会い就職活動の話になったのですが、友達は早くから就職活動を意識して、大学生活を送ってきたそうです。それに比べて、自分は何となく学生生活を送っていたので…落ち込みました。

CC4　そうですか。お友達と比べて、落ち込んでしまったのですね。ところで、お友達はどんなことをしていたのですか。

CL4　1、２年生のうちに留学やボランティア活動、サークルやアルバイトのリーダーなどを経験し、就職活動でアピールすることを見付けてきたそうです。もちろんそのなかで自分の強みもいろいろと見付けたそうです。私にはそういった就職活動で活かせる経験もないので、何も言うことが見付かりません。

CC5　そうなのですね…。就職活動に活かせる経験がないとのことですが、どのような大学生活を送ってきたのですか。

CL5　私は…成績も普通だし、本当に何となく大学生活を送ってきたなぁと思います。高校生の時から本屋さんでアルバイトをしていて、店長や社員の方たちからは「任せたことはしっかりやってくれるので助かる」とは言ってもらえますが、そんなの当たり前のことですよね。

CC6　そうですか。本屋さんの方たちはそのようにおっしゃるけど、そんなの当たり前のことだなぁと思われるのですね。

CL6　そうですね。もうすぐエントリーも始まるので、セミナーで言われていたような自分ならではの「強み」を見付けないといけないですよね。とはいえ、今から友達のようにボランティアや留学をするのも間に合わないし。このままでは、どこからも内定をもらえそうもないし、これから就職活動をどうしたらいいかわからなくなってしまって…。

（後略）

【問　題】

問１　相談者がこの面談で相談したい「問題」は何かを記述せよ。（20点）

問２　キャリアコンサルタントとしてあなたが考える、相談者の「問題」は何かを記述せよ。（20点）

問３　あなたは、上記２つの「問題」を合わせ、相談者を援助する

ために、①どこに目標をおいて、②どういうことを実施したいか。目標と具体的な方策を記述せよ。(60点)

≪解答のポイント≫

論述でもしばしば出題される学生（大学生）のケースです。

まずは、プロフィールを確認し、今「何年生」かを確認します。また、相談が「いつ」行われたのかも大切です。特段の記述のない場合、相談は論述試験と同じ時期（前期試験6月、後期試験12月）として捉えますが、相談月が記載されている場合はそちらを参考にします。学生のケースは、相談時期が重要です。例えば、今回は3年生の12月ですが、これが4年生の12月、もしくは、2年生の12月だったとしたら相談者の気持ちも、今からできること（やるべきこと）なども変わってきます。これをより理解するためには、あらかじめ標準的な就職活動（短大生、大学生、大学院生などの）や進学（大学院試験など）のスケジュールは押さえておくとよいでしょう（面接試験対策にもなります)。

また、学部や学科・専攻、家族構成なども相談内容に関わってくることもあるので、事前にチェックしてから逐語記録を読み進めましょう。

5 不合格者・合格者の解答比較解説

それでは、先ほどの問題の解答例を見ていきましょう。

ここでは「改善が必要な解答例」と「解答例」を併せて掲載しています。「解答例」だけでなく、「改善が必要な解答例」も併せてごらんください。特に「改善が必要な解答例」は何を改善すべきか、解説も含めてご覧いただくことで、これからの学習の参考にしていただけると思います。さらに、ご自身の解答も横に置いて比較すると、より学びが深まります。

問１　相談者がこの面談で相談したい「問題」は何かを記述せよ。

≪改善が必要な解答例≫

例１：自己理解と仕事理解の不足から自己効力が低下していて、就職活動をどうしたらよいかわからなくなっている。

⇨相談者視点とキャリアコンサルタント視点が混在している例。「自己理解と仕事理解の不足」も「自己効力が低下」もキャリアコンサルタントの見立てであり、相談者本人が訴えていることではありません。

例２：友達に置き去りにされていると感じて、これからの就職活動に困難を感じている。

⇨相談者の言葉を無意識に言い換えて、相談者の思いとズレてしまっている例。上記の「置き去りにされている」も「困難」も逐語記録を読むと、一見それらしく（相談者もそう思っているように）思えるのですが、これらの言葉にはキャリアコンサルタントの解釈が入っています。似たような言葉であっても相談者にとっては自分の気持ちを適切に表したものとは限りません。

相談者自身の気持ちをより忠実に表現するためには、実際に相談者が発した言葉をそのまま使うことです。問１は、逐語記録の相談者の言葉をそのまま引用するイメージです。

例３：今大学３年生でもうすぐ就職活動が本格的に始まる。先日、キャリアセンター主催の就職セミナーで、内定を得るためには自分ならではの「強み」が必要だと言われた。セミナーの後、学部の友達と就職活動の話をしたところ、友達は早くから就職活動を意識して大学生活を送ってきていて、就職活動でアピールすることも見付けてきたらしい。自分は何となく大学生活を送ってきて、成績も普通。本屋さんでアルバイトはしているが、特に就職活動に活かせる経験もない。このままではどこからも内定をもらえそうもない。

⇨出来事の列挙に留まっている（気持ちを含めた「問題」を記述できていない）例。これも一見したところ相談者の訴えを丁寧にまとめているように見えます。ただ、これは「問題」ではなく、「出来事」を列挙しているだけです。「問題」を記述するには、「どんなことがあった（出来事）」だけでなく、「それに対してどう思った（気持ち）」を併せて書き記すことが必要です。つまり、「悩んでいます」（CL1）、「不安になりました」（CL2）、「落ち込みました」（CL3）など、逐語記録の相談者の気持ちを含めて、具体的に「何」に対して「どう」思ったのか記述します。

≪解答例≫

相談者は、就職活動が本格的に始まるが、このままだとどこからも内定がもらえないのではないかと悩んでいる。今の自分には強みがないと不安で、特に就職活動で活かせる経験もなく、早くから就職活動を意識してきた友達と比べて落ち込んでしまう。アルバイト先では「任せたことはしっかりやってくれて助かる」と言ってはもらえるが、そんなことは当たり前のことだと思う。このような状況で、就職活動をどうしたらよいかわからなくなっていることが問題である。

問２：キャリアコンサルタントとしてあなたが考える、相談者の「問題」は何かを記述せよ。

≪改善が必要な解答例≫

例１：自分には就職活動に活かせる強みがなく内定がもらえないと思っていること。

⇨相談者視点が混在している例。これは、相談者自身が訴えている内容（問１に書く内容）です。問２は相談者の気が付いていない、本質的な問題を記述します。

例２：大学生活への後悔と焦りから就職活動に向けての意欲を失っている。

⇨客観的根拠に乏しい（キャリアコンサルタントの思い込み）例。

ついつい「深読みしすぎてしまう」という方に多い例です。たしかに、相談者の気持ちを深く聞いていくと、ここにあるような「後悔」や「焦り」などの気持ちが出てくるかもしれません。

「意欲を失っている」についても、そういった気持ちもあるかもしれませんが、今この逐語記録を読む限り特にそのような発言などもなく、そこまで言い切れるか疑問です。

これが面接試験であれば相談者に確認ができますが、論述試験では確認ができません。つまり、逐語記録に書かれていることが全てです。逐語記録中に何らかの根拠となるもの（具体的な相談者の言動に関する記述）がない限りは、キャリアコンサルタントの「決め付け」、「思い込み」となってしまう可能性が高いので気を付けましょう。

すなわち、この問２で挙げる問題は、逐語記録の中に具体的な根拠となる相談者の言動を見出せるものだけにしましょう。

例３：これまで何となく大学生活を送ってきた見通しの甘さと計画性のなさが問題。

⇨解決できない（指摘しても効果がない）ことを挙げている例。

たしかに、相談者が大学入学時から就職活動を見越して、計画的に大学生活を送っていたら、今のような状況ではなかったかもしれません。ただ、そのことを今になって言ったところで何ができるでしょうか。キャリアコンサルタントから見て相談者の問題は挙げようと思えばいくつでも挙げられるかもしれませんが、この問２では今これから、相談者が自分の力で解決していけることを取り上げるほうが効果的です。

例４：自己理解と仕事理解が不足していて、今後の中長期的なキャリアプランも立てられていないこと。

⇨一見悪くない解答のように見えます。実際にこの相談者にはこれらの問題がありそうです。ただ、一方で、この記述だと、内容が抽象的なこともあり、他の問題（相談者）でもそのまま使えそうです。このようにどのケースでもそのまま当てはまるような解答は点数が伸びにくいです。

受検者からも「論述の解答がどのケースでも同じようになってしまう」という悩みをうかがうことがあります。たしかに、論述は情報量が少ないので、ともすれば似たり寄ったりの解答になってしまいがちです。ただ、そのなかでもできる限り「この相談者」の特徴を捉えた「この相談者ならでは」の問題把握と解答記述に努めることが必要です。

また、「自己理解不足」、「仕事理解不足」などのよくある問題を挙げる際にも、その内容をより具体的に書くこと（例えば、「自己」の「何」についての理解が不足しているのか、など）、そして、逐語記録にある相談者の具体的な言動を根拠として記述することで、「このケースならでは」の解答にしていく必要があります。

≪解答例≫

① 自身の強みや経験などを明確に自覚できておらず、自己理解の不足が見られる。また、友人との比較から、自己効力も低下しているように見える。

② 就職のために必要と思っている「強み」について内容も根拠も不明確で、就職先（業界、職種等）についても具体性がなく、仕事理解の不足も見られる。

③ 就職活動に悩んではいるが、就職してどのように働いていくか、働くことの意味・意義やキャリアビジョンが不明確と考えられる。

④ セミナーや友人など周囲からの情報に影響を受け主体的に考えることができていない。

以上４点が問題である。

問３：あなたは、上記２つの「問題」を合わせ、相談者を援助するために、①どこに目標をおいて、②どういうことを実施したいか。目標と具体的な方策を記述せよ。

≪改善が必要な解答例：問３① 目標≫

例１：相談者の自己理解、仕事理解を深めることを支援する。

⇨この文章の主語は誰でしょうか。「〜支援する。」となっているので、キャリアコンサルタントですね。この問３①の主語は相談者です。「相談者がどのような状態になるか」を書きましょう。

例２：相談者が自己理解・仕事理解を深め、自分に自信を取り戻すこと。

⇨キャリアコンサルタント視点の問題だけに対応して立てた目標です。内容自体は相談者にとって必要な支援だと思われます。しかし、相談者視点の問題が含まれていないため、相談者には受け入れにくい目標のように考えられます。少なくとも相談者にとっては最優先の目標ではありません。おそらく、この目標を伝えたら、「それより、私が相談したいのは、就職活動をどうしたらいいかなんですけど…」と言われてしまいそうです。

例３：エントリーシートの書き方、面接対応など内定をもらえるための就職活動の進め方を身に付けること。

⇨こちらの目標はどうでしょう。今就職活動に悩んでいる相談者には割とすんなり受け入れてもらえそうな内容で、一見悪くはなさそうです。しかし、キャリアコンサルタント視点の問題として、相談者は「そもそも今後どんな風に働いていきたいのかしら」とか、「就職した後のことはどのように考えているのかしら」などといったことを捉えていたとしたら、上記のような「就職活動のノウハウ」を身に付けることに留まった目標が相談者にとって適切な目標だとは考えられないでしょう。とはいえ、例２のように相談者視点を無視した目標はそもそも相談者に受け入れてもらえません。そこで、まずは相談者視点の問題を尊重した上で、キャリアコンサルタント視点（問２で指摘した問題）も踏まえた目標設定が必要です。

≪解答例≫

目標1：自身の強みや経験をはじめ、興味、能力、価値観などの自己理解を深める。2：具体的な職業とその仕事に就くために何が必要かについて仕事理解を深める。3：自身が「今後どのように働いていきたいか」自覚した上で、キャリアビジョンを明確にして今後の方向性について、相談者自身の意思で主体的に意思決定できるようになること。

≪改善が必要な解答例：問３②方策≫

例１：アセスメントを使って自己理解を深める。

⇨内容に具体性が乏しい例。「何のために」、「何をするのか」、できる限り具体的に記述します。例えば、上記のようにアセスメントを使うのなら、何を知るために、どのアセスメントを使うのかまで具体的に記述する必要があります。自己理解に関しても、自己の「何」（例えば職業興味、能力、価値観など）について理解するのかまで記述しておく必要があります。その上で、それを知るにふさわしいアセスメントについても具体的に記述します。

例２：相談者の能力不足を補うために、○○のトレーニングを行う。

⇨内容に一貫性がない例。問３①の目標や問２のキャリアコンサルタント視点の問題とは関連性のない方策を行っています。不必要なことは書かない。もしくは、本当にこの方策が必要であれば、他の箇所（特に問２）でも言及しておくことが必要です。

一方で、この問３②の解答として、問２に指摘した問題について言及、解決がなされていないものも問題です。問２で指摘した問題があるからこそ、相談者は抱えている問題を解決できずにいる訳ですので、そこに挙げた問題はきちんと解決しておく必要がありますね。

≪解答例≫

1．相談者の悩む気持ちを受け止めながら、就職活動について考えていることについてコンプリメントする 。

2．自己理解を深めるために、学生用ジョブカードや必要に応じてVPI等アセスメントを用いて（同意を得た上で）自身の経験、興味、能力、価値観等について、自己理解を深めるとともに、相談者の肯定的側面を承認しながら自己効力感の向上を図る。

3．仕事理解を深めるため、日本版O-net等インターネット上の情報やキャリアセンターやOB･OGからの情報などリアルな情報を活用して、具体的な職業とその仕事に就くために何が必要か知れるようにサポートする。

4．働くことの意味・意義を明確化するために、啓発的経験としてインターンシップやOB・OG訪問で「働くこと」のイメージを深めてもらう。

5．これらの情報を活用しながら、相談者が「今後どのように働いていきたいか」を具体的に自覚した上で、キャリアビジョンの明確化とその実現に向けて今後の就職活動をどのように進めていけばよいか主体的に意思決定し、効果的な就職活動ができるよう支援する。

6 演習問題

それでは、次はこれまで学んできたことを踏まえての演習問題です。まずは、何も見ないで解いてみてください。

解答用紙は協議会サイトのものを参考にしてください。過去問題のページ（https://www.career-kentei.org/about/learninfo/）から最新の論述解答用紙がダウンロードできます。

演習問題

問題　「逐語記録」を読み、以下の問いに答えなさい。解答用紙の設問ごとに記述すること。

相談者（CL と略）：59 歳　男性　四年制大学卒業後、機械部品メーカーに入社して 37 年。
現在は、営業部門の部長職。
家族／妻（57 歳、パート）、長女（30 歳、正社員、一人暮らし）、父（87 歳）
本人の希望で来談。
キャリアコンサルタント（CC と略）：民間の相談機関（学生、社会人、その他様々な人を対象にしたキャリア相談窓口）の専任社員

【逐語記録】

CC1　こんにちは。本日はどのようなご相談ですか。

CL1　半年後に定年になるのですが、これからの働き方に迷っています。まだまだ元気なので、定年後もしっかりと働きたいという気持ちはあるのですが、これまで定年後のことは十分考えてこないまま来てしまい、最近ようやくあれこれ考え始めたところです。

CC2　もうすぐ定年になられる。定年後の働き方についてのご相談ですね。

CL2　はい。希望すれば、今の会社で再雇用で働き続けることはできるのですが、正直、気が進みません。現在再雇用で働いている先輩たちを見ていると、定年を境にそれまでの担当業務を外されたり、それまでと全く関係のない部署に異動させられたりして、みんなやる気がなくなってしまうようです。それを見ていると…なんだか割り切れない気持ちになります。

CC3　再雇用という選択肢もあるけど、先輩方の様子を見ているとあまり気が進まないのですね。いま他にも何かお考えになっていることがあるのですか。

CL3　実は、知人から会社を手伝ってくれないかと誘われています。新規営業所の立ち上げとマネジメントをして欲しいそうです。それなら今までやってきた仕事と変わりません。その会社は同業なので、扱っている商品のことも取引先のこともよくわかっています。ここでならこれまでの経験をそのまま活かして、仕事も問題なくやれそうです。しかも、この年で正社員として迎えてくれるということですし、ありがたい話だなと思っています。

CC4　そうですか。そうであれば、もう今後の働き方を決められているように思えるのですが、何か気になることがあるのですか。

CL4　そうなんです。この新規の営業所というのがかなり遠方にあるので、ここで働くとしたら単身赴任になってしまいます。うちには高齢の父親がいて、私が単身赴任するとなると、妻ひとりに父親の世話を任せることになってしまいます。妻からは、「お義父さんのことはどうするの？わざわざそんなに遠いところまで行ってまで働かなくてもいいじゃない。慣れた今の会社でゆっくりしたら」と反対されてしまいました。

CC5　そうでしたか。そのお話を聞かれて、どのように思われましたか。

CL5　そうですね。妻の気持ちもわかります。そう言われて、自分の都合ばかりとはいかないものだなと思いました。ですので、再雇用か何か別の選択肢も考えざるを得ないのかとも思っています。

CC6　そうなのですね。別の選択肢も、ということですが、それは例えばどのようなことでしょうか。

CL6　別の選択肢ですか。例えば、何か今の家から通えるような別の仕事を探すとか…でしょうか。ただ、これまでずっと今の会社でしか働いたことがないので、転職活動というのもよくわかりませんし、何よりこの会社の営業しかしたことのない私に他に何ができるか見当もつきません。どうしたらいいかわからなくなってしまいます。

（後略）

【問　題】

問１　相談者がこの面談で相談したい「問題」は何かを記述せよ。（20点）

問２　キャリアコンサルタントとしてあなたが考える、相談者の「問題」は何かを記述せよ。（20点）

問３　あなたは、上記２つの「問題」を合わせ、相談者を援助するために、①どこに目標をおいて、②どういうことを実施したいか。目標と具体的な方策を記述せよ。（60点）

≪解答例≫

問１：相談者は定年後の働き方に迷っている。再雇用は、先輩たちを見ていると割り切れない気持ちになり、正直気が進まない。知人の会社の仕事は、経験をそのまま活かして問題なくやれそうだし、正社員で雇ってもらえてありがたい話だと思っている。しかし、父を妻に任せての単身赴任になり、妻には反対されてしまった。転職とも考えたが、転職活動も、自身に何ができるか見当もつかない。定年後もしっかりと働きたい気持ちはあるが、どうしたらよいかわからないことが問題。

問２：①「他に何ができるか見当もつかない」などの発言や、先輩、知人、妻など他者の言動に都度左右されて主体的でないと考えられることなどから、今後何を目的に、どう働いていくのか明確になっておらず、自己理解の不足が見られる。

②　相談者の発言から、再雇用や友人の会社、転職それぞれについて思い込みや情報不足など仕事理解不足が見られる。

③　高齢の父親を妻ひとりに任せて単身赴任しようとするなど、妻や父親などご家族を含めたライフプランとそれを踏まえたキャリアプランの検討が不十分。

問３：①　目標

1．自身の価値観、能力、興味等の自己理解を深める。2. 再雇用、知人の会社、転職等の具体的な情報を得て仕事理解を深める。3. ご家族を含めた今後のライフプランとそれに基づくキャリアプランを明確化して、今後何を目的に、どう働いていくのか主体的に意思決定できるようになること。

②　方策

1．今後の働き方に迷う相談者の気持ちに寄り添いラポールを築くとともに、定年まで長い間頑張って働いてきたことをコンプリメントする。

2．自己理解を深めるために、これまでの経験、スキルなどを書き出し、「何ができるか」をはじめ、価値観、能力、興味等を知れるようサポートする。

3．仕事理解を深めるために現在の労働市場についてと、再雇用や知人の会社の仕事をはじめ他の仕事（職業以外も含む）の情報収集を促し、知れるよう一緒に取り組む。

4．ご家族ともコミュニケーションを取り、今後のご家族を含めたライフプランとそれに基づくキャリアプランを考えられるよう促す。

5．その上で、相談者が今後何を目的に、どのように働いていきたいか、今後の働き方について主体的に意思決定できるように支援する。

 合格できる解答のポイントまとめ（方策のヒント）

ここまで、論述試験について解答のポイントを見てきました。論述試験についておおよそのイメージを持っていただけましたでしょうか。あとは、過去問等を使って実践を重ねていただきたいのですが、実際に解いてみると、「何か問題があるような気はするけど、それをなんと表現していいかわからない」であるとか、「問題を解決するための具体的な方策が思い浮かばない」という方もいらっしゃるかと思います。そこで、この章では主にキャリアコンサルタント視点の問題例とそれに対する具体的な方策例をご紹介します。

実際の問題は個別具体的なので、いつでもそのまま使える訳ではありません。適宜言葉を足したり、アレンジしたり、組み合わせたりして活用してください。

（１）自己理解関係

①　職業興味について理解が不十分

⇨引き続き対話を続け、そのなかでこれまで熱中したことや、興味のあること、これからやってみたいことなど語ってもらう。

⇨ VPI 職業興味検査など、アセスメントを用いて職業興味を明確化する。

②　自身の職業能力（強み）・適性について理解が不十分

⇨これまでの職業経験（学生生活）を振り返る中で、その経験の中で身に付けた能力（強み）を明確化する。

⇨ GATB など、アセスメントを用いて職業能力を明確化する。

③　自身の価値観について理解が不十分

⇨これまでの職業人生（学生生活）を振り返り、その中でどんなことにやりがいを見出してきたのか明確化してもらう。

⇨キャリアアンカーを明確化する（※学生等職業経験の浅い相談者には不適切）。

④　自身の職業経験についての理解が不十分

⇨キャリアシートなどを用いてこれまでの経験を棚卸しする。

⑤　上記共通（興味と能力についての理解など、複数のものを扱う場合など）

⇨ジョブカードを用いながら○○を明確化する。

⇨これまでの職業人生（学生生活）を振り返り、○○を明確にする。

Point

自己理解に関しては、例えば、「興味だけで、理解が不足している」といったことは少なく、「興味も能力も価値観も…」というように、複合的に理解が不足しているケースが多いです。このような複数の要素の理解を深めるためには、過去の振り返り（経験の棚卸し）をしながら、対話の中でそれぞれについて明確化していく場合が多いです。

また、自己理解のための方策としてアセスメントを利用することもありますが、アセスメントを利用する場合には、①アセスメントの名称、②対象者、③何を測るためのアセスメントなのか、を正確に理解した上で記述するようにします。また、アセスメントはあくまで補助的なものであること、そして、本人の同意を得た上で行うものであることにも留意しましょう。

（2）仕事理解関係

①　仕事の内容についての理解が不十分（イメージが漠然としている）
どのような業界・職種があるのかについて理解が不十分（学生の場合が多い）

⇨○○から～～について情報収集を促す（○○の部分は情報源を記入します。在職者の場合はインターネット、上司・同僚など、学生の場合はキャリアセンターなど）。

⇨「仕事」は、職業だけでなくボランティア等職業以外の活動を含むものであることを示唆した上で、どのような「働き方」があるのかについて情報収集を促す（相談者にとっての「働く」が必ずしも「就職」でなくてもよいような場合）。

②　仕事に就くために必要な要件（どのような人材が求められているか）についての理解が不十分

⇨情報収集を行い（情報源は、インターネット、求人の募集要項、上司・同僚（在職者の場合）、キャリアセンター（学生の場合））、○○（仕事）においてどのような人材が求められているか知ることができるようにする。

③　労働市場についての理解が不十分

⇨ハローワークインターネットサービスを用いて労働市場について知ることができるようにする（必ずしもハローワークインターネットサービスでなくてもよいのですが、地域・業種・職種等の面で幅広い求人を扱っていることから、労働市場の概要をつかむには適した媒体の一つであるため）。

④　仕事上の期待や要請、責任についての理解が不十分

⇨自身の仕事上の期待や要請、責任について、〇〇（上司、人事等）に確認をする。

⇨自身の働きぶりや今後の期待について〇〇（上司、顧客等）からフィードバックをもらえるよう働きかける。

⑤　自身の現在および近い将来の職務や役割についての理解が不十分

⇨自身の職務や役割について、〇〇（上司、人事等）に確認をする。

⇨自社のキャリアパスについて、〇〇（人事部等）に対し情報収集を行う。

⇨先輩などがどのようなキャリアパスをたどっているのかを参考にする。

Point

仕事理解のための方策は情報収集が中心です。そして、情報収集を行う主体は相談者です。ときにはキャリアコンサルタントが情報提供することもありますが、基本的には相談者が自身で何らかの情報収集を行います。その際には、①どこ（誰）から、②何の情報を、入手するのかを具体的に記述します。

また、キャリアコンサルティングにおける「仕事」はいわゆる「職業」だけに留まりません。ボランティア等の活動も仕事に含まれます。特に、高年齢者のケースなど、相談者によっては、働くことについて「就職」以外の視点を持つことは大切です。

そして、これまでの論述試験ではまだあまり取り上げられたことはありませんが、「副業（兼業）」や「フリーランス」など多様な働き方についても知識・情報を持っておくと支援の幅が広がります。

（3）自己啓発関係（働く意味・意義に関して）

①　働くイメージが漠然としている、働く意味・意義が不明確（学生等の場合）

⇨インターンシップに参加して働くことを体感する。

⇨すでに働いている OB、OG 等に話を聞き、働くイメージを深める。

②　働く意欲、意味・意義が見出せなくなっている（職業経験者の場合）

⇨自身のキャリアアンカーを再確認することで、それを活かした働き方を検討する。

⇨自身のことだけでなく、家族のため、会社のためなど、対象を広げた上で、改めて働く意味・意義を検討してもらう。

Point

学生の就職活動のケースで、就職活動をどうやるか云々以前に、そもそも働くこと自体に関する意識が低い場合があります。そのような場合、背景には自信のなさなどの要因があり、そこに起因している場合もあります。その際は、働く意識そのものより、そもそもの要因のほうにアプローチする必要があるでしょう（ただし、問題点を指摘する場合にはキャリアコンサルタントの決め付けにならないように、根拠となる部分を見付けてからにしましょう）。

（4）意思決定関係

①　今後のライフプラン（家族を含めた）について十分考えられていない

②　今後のマネープランについて十分考えられていない

③　今後のキャリアプランについて十分考えられていない

④　中長期的な視野を持って考えられていない

⇨目先の～だけでなく、中長期的な視点で○○についても考えられるよう支援する（○○の部分は、ライフプラン、マネープラン、キャリアプランなどが入る）。

⇨仕事のことだけでなく、ご家族も含めた今後の○○も含め考えられるよう支援する（○○の部分には、ライフプラン、マネープランなどが入る）。

⑤　意思決定のために必要な情報の整理ができていない

⇨○○に則って情報を整理し、相談者の意思決定を促す（○○には、キャリア理論のフレームワーク（例えば4S：自己・状況・支援・戦略）や何らかのフレームワーク（例えば選択肢ごとのメリット・デメリット）など、情報を整理する枠組みが入る）。

Point

意思決定においては、キャリアコンサルタントが相談者よりも広い視野を持っていることがポイントです。視野の広がりの一つの軸は③、④のような「時間幅」です。つまり、多くの相談者は目先の問題への対処が関心事なので、目先のことに意識が集中しています。例えば、「就職活動に悩む」相談者は「就職活動がうまくいく」ことに関心が集中しているケースが多いです。ただ、ご存じのように就職活動の先には、内定を得た就職先で働いていく生活があります。キャリアコンサルタントとしては「就職活動」だけでなく、「その後どう働いていくか（働いていきたいか）」までが視野に入っていることが大切です。そして、そこまで見据えた上で「就職活動」のあり方を考えていく必要があります。「転職活動の相談」にしても、転職活動そのものだけでなく、今後「どのように働いていくか」、「どんなふうに生きていくか」まで視野に入れて転職活動を考えて行くことです。このように中長期的な視点で考えると意思決定やそのプロセスがまた違うものになる可能性もあります。

また、もう一つの軸は①、②のような「横幅」です。キャリアコンサルティングの話題の中心は「仕事」ですが、仕事はあくまで人間の人生の様々な活動のうちの一部です。仕事のことを考えているだけでは、相談者にとっての最適な解決に結び付かないことが多いです。また、ご家族のある相談者であれば、自分のことだけでなく、家族のことも考えて仕事を考える必要もあるでしょう。このように、仕事のこと、自分のことだけでなく、生活や家族（生活設計、マネープラン）のことも相談者は十分に考えているか、キャリアコンサルタントとして見立てておく必要があります。もちろん、相談者の状況（年齢や家族構成、家庭の状況など）によってこれらの重要性、考慮する必要性は変わってきますが、相談者がこれらのことを十分考慮しなければならない状況であれば、しっかりと目を向けてもらえるように支援する必要があります。

このように視野を広げて考えていくということは、相談者にとってより「全体最適」となるような解決像を目指す上で必要な視点です。

また、相談者が様々な情報をうまく整理できていない、判断のための情報はあるのに相談者が決めきれないなどという場合、上記のようなフレームワークを提供して情報を整理すると、判断の助けになることが多いです。ちなみに、相談者は「ＡかＢ」かの二択で迷っていることが多いですが、キャリアコンサルタントとしては「ＣやＤやＥ…」の選択肢がある可能性も視野に入れて関わることが必要です。

（５）思考・行動特性関係

思考・行動特性上の問題は様々なものがありますが、ここでは代表的な例を扱います。ただ、キャリアコンサルタントの決め付けになりやすい部分でもあるので、しっかりと相談者の言動から根拠をもった指摘をすることが必要です。

① 問題を一人で抱え込んでいる

⇨○○と相談（必要なコミュニケーション）を行うことを促す（○○の部分には、上司、同僚、家族など問題にとって重要な関係者が入る）。

② 自己肯定感が低い

⇨これまでの職業人生（学生生活）を振り返るなかで、肯定的な側面をコンプリメントすることで自身に対する認知の変化を促す。

⇨○○（現在、自己肯定感を下げている要因）に対してリフレーミングを行うことで、今までと異なった見方ができるように促す。

③ 思い込み（イラショナルビリーフなど）

⇨（思い込みが情報不足や誤った情報によると考えられる場合）○○について必要（正確）な情報を知れるよう促す。

⇨（思い込みが非合理的な信念から来ていると考えられる場合）論理療法の技法を活用しながら、より合理的な考え方ができるように支援する。

Point

思考・行動特性上の問題は、「どうして相談者はこのような状態になっているのか」を考えると、一般的な対処法ではなく、その相談者のための方策が見出される場合があります。例えば、「主体性のなさ」も本人の性格によるものなのか、自己理解や仕事理解の不足によるものなのか、自身の判断に自信がないのかなどによってとるべき方策が変わってきます。

（6）感情関係

① 過度の感情の高ぶり、落ち込み

⇨相談者に受容・共感的にかかわりながら○○（感情の高ぶりや落ち込みの原因）について語ってもらうことで気持ちを落ち着けてもらう。

②　（過度の感情の高ぶり、落ち込みが原因で）視野が狭くなっている

⇨相談者に受容・共感的にかかわることで、相談者が視野を広く持って考えられるようにサポートする。

③　自己効力感の低下

⇨（自己理解を深める関わりと同時並行で行う）相談者の○○について自己理解を深めるとともに、自己効力感の向上を図る。

⇨これまでの成功体験を振り返るなかで自己効力感を高めてもらう。

⇨○○さん（相談者と同じような属性の人）を参考にしてもらう（モデリング）。

Point

感情面の問題への対処は、様々な方策のなかでも最初のうちに行っておく必要があります。例えば、感情が高ぶったり、自己効力感が低い状態で適切な意思決定をするのは難しいですよね。まずは落ち着いて話せる（考えられる）状態に整えることが必要です。

（7）環境（他者）とのかかわり関係

①　コミュニケーション不足

⇨～～について、○○（上司、家族、人事など重要な関係者）とのコミュニケーションを取れるよう促す。

②　情報不足

⇨○○（重要な関係者、インターネットなどの情報媒体）から必要な情報を得られるよう促す。

③　主観と客観のズレ

⇨～～について、フィードバックを得ることで主観と客観の調整を図る。

④　**主体性に乏しい（周囲に影響されすぎる）**

⇨（相談者が周囲に影響されていることに気が付いていない場合）○○と考えるようになったきっかけを振り返り、周囲の影響を受けていることに気づいてもらう。

⇨（相談者が自己理解、仕事理解の不足から自身で考える軸が十分でないと考えられる場合）まずは自己理解や仕事理解を深めることを支援する。その上で、相談者が主体的に意思決定できるよう促す。

⇨（相談者が自分に自信がないため、自身で判断できない場合）まずは自己効力感を高めるかかわりを行う。相談者が自分で考え、判断することに自信を持った上で、○○についても主体的に意思決定できるよう促す。

（8）その他

他にはキャリア理論を用いた方策があります。キャリア理論は学科試験のためだけでなく、本来はこうした相談の場で活用するためのものです。論述試験で使いやすいものの例を挙げます。

・4S 点検（シュロスバーグ）
・キャリアアンカー（シャイン）
・キャリアサバイバル（シャイン）
・ライフキャリアレインボー（スーパー）
・ナラティブアプローチ（サビカス）
・キャリア・トランジション・サイクルモデル（ニコルソン）

これらは問題点を捉えるためというより、方策として問３の解答で活用できるものです。また、理論は必ず使わなければならないものではないですが、適切に使えれば効果的です。ここで挙げた理論はほんの一例ですが、それぞれどのようなものだったか、どのような場面で使えそうか、確認してみてください。

8 試験までの勉強方法

（1）基本的な考え方を頭に入れる

問題を解き始める前に、論述試験について「何をする試験なのか」、「何ができればよいのか」などについて基本的な考え方を確認しておきましょう。また、各問についての基本的な視点、「何を問われているのか」、「どのように答えればよいのか」など、解答にあたって必要な視点を整理しておきましょう。

（2）過去問を解いてみる

この試験に限らず、試験勉強で頼りになる教材は、やはり過去問です。(1) で理解したことを実際に使える、特に本試験の 60 分間で合格レベルの解答を作成できるようになるためには、やはり実際の問題を解いてみる練習が必要になります。

過去問は、協議会のサイト（https://www.career-kentei.org/about/learninfo/）に掲載されているので、まずは問題と解答用紙を入手しましょう。

そして、実際に問題を解いてみるのですが、大きく二通りの方法があります。

①　本試験と同じ 60 分間で解いてみる。
②　時間を計らずに解いてみる。

自分が時間内にどれくらいのことができるのかを確認したり、自分にとって最適な時間配分を身に付けたりするという意味では、時間を計って解いていくほうが実践的です。

一方、試験に必要な考え方や知識を身に付けるためには、時間をかけて、しっかりと考えながら解答を作り込むことも、やっておく価値があります。気になることや、わからない部分は調べながらでもよいので、自分なりの「模範解答」を作ってみてください。そして、時間を計って解答したものと見比べて、違いも感じてみると勉強になると思います。

なお、サイトに掲載される過去問は直近3回分のみです。新たに試験が実施されると古いものから順次削除されていきます。過去問は試験勉強のための貴重な資料です。忘れずにダウンロードしておきましょう。

（3）解答の確認（できれば他の人に見てもらう）

解答が終わったら振り返りを行います。ただ、この試験は唯一の正答があるというものではないので、自分の解答を見ているだけでは、その解答が良いのか悪いのか、よくわからないままになってしまいます。

そこで、できれば、他の人に見てもらい、フィードバックをもらいましょう。可能であれば、試験の内容を理解している技能士の方に見てもらえるとよいのですが、それ以外でも、仲間内でお互いに見比べるなど、客観的に見てもらう機会があると、視野が広がるとともに、どこが良くて、どこを改善すべきなのかがわかりやすくなります。

その際に、ただ単に書いてある文章についての評価だけでなく、「どうしてそのように書いたのか」というところまで含めて振り返りができると、なお良いです。もちろん、キャリアコンサルティングに絶対的な正解がないように、論述試験にも絶対的な正解はありません。他の方の意見も絶対ではないので、言われたことを全てそのまま受け入れるというよりは、参考になる部分を取り入れる、という感じです。

また、他の人の書いた解答を見ると、特に自分では気が付かなかった視点や、うまい言い回しなどを発見できますので、積極的に取り入れてみましょう。

ちなみに、筆者の運営するサイト（“キャリコンシーオー”で検索）にも解答例を掲載しています。振り返りの際の参考になるかと思いますので、ご活用ください。ただし、あくまで解答「例」のため、絶対にこうでなければならないというものではなく、「一つの考え方」として捉えてください。ですので、例の通りできているかよりも、自分の解答とどこが違うのか（同じか）、そして、それはどうしてなのか、について考えてみてください。この「どうして」の部分を考えることがより深い学びにつながります。

（４）考え方の再整理（キーワードやフレーズを身に付ける）

実際に論述問題に取り組んでみて、実感する課題が大きく２つあると思います。１つは、「何を書けばよいかわからない（書く内容がわからない）」、もう１つは、「書きたいことはあるけれど、どのように書けばよいかわからない（書き方、表現方法がわからない）」ということです。

これらについては、再度、問題の考え方を確認するとともに、知識の補充を行うことが有効です。この本を読み返していただくとともに、様々な解答例に目を通してもらうことが役に立ちます。特に論述試験では独特の「語彙力」（専門用語など）が必要なので、解答例や他の方から得られた情報をもとに、ボキャブラリーを増やしていきます。

自分で調べることや外部の情報を活用して、「このように書けばよいのか」、「こんな言い回しがあるんだ」など、他の人の良いところを吸収しながら自分のリソースを増やしていきましょう。

（５）再度問題を解く

上記のことを一通り行ったら、また後日、同じ問題にチャレンジしてみましょう。「また同じ問題か」と思われる方もいるかもしれませんが、同じ問題でも解くたびに違いが現れるものです。解答の変遷を見てみるのも参考になります。回数を重ねるごとにクオリティが上がっていくように勉強を進めましょう。

ちなみに、再度問題を解いたら、また、(3) に戻って、(4) → (5) → (3) …と繰り返していきます。この繰り返しで、試験当日の時間内に合格レベルの解答を作成できる力を身に付けていきましょう。

第5章

面接試験

1 試験内容

面接試験は、前期試験では7月頃、後期試験では1月頃、各地の会場で複数日程に分けて実施されます。20分のロールプレイと10分の口頭試問で構成されています。論述試験は「支援の設計書」を作成する試験でしたが、面接試験は「支援の実践」として生身の相談者（役）を目の前において20分間の面接ロールプレイを実施します。相談者（役）は事前に受検票と一緒に送付された5つのケースのうちの1つです（どのケースに当たるかは、試験本番までわかりません）。

そして、20分間のロールプレイに続いて口頭試問が行われます。2名の試験官からの、先に行ったロールプレイについての質問に回答するものです。

このロールプレイと口頭試問は、4つの評価区分（①基本的態度、②関係構築力、③問題把握力、④具体的展開力）で評価されます。全ての評価区分で60点以上、総合点でも60点以上で合格となります。実技試験（論述試験と面接試験）の合格率は15%前後。なかでも面接試験の方に苦手意識を持つ方が多いです。評価区分一つひとつ確実に得点を重ねて合格点に近付けていく努力を必要とする試験です。

2 試験範囲

試験を受ける上で、まずやっておかなければならないのは試験範囲を押さえておくことです。これまでも、受検者の方たちに聞いてみると「試験範囲を見たことがない」という方が意外と多いのですが、試験範囲は、言い方を変えると「２級技能士としてこれくらいのことはできるようになっておいてくださいね」という試験側からのメッセージです。ですから、試験範囲には必ず目を通して、試験当日までに何をどの程度身に付けておけばよいかわかった上で効果的な試験対策を行いたいものです。

具体的な試験範囲は協議会のサイトに記載されています（https://www.career-kentei.org/wordpress/wp-content/uploads/2019/12/grade2_kamoku_hani2020.pdf）ので、詳しくはそちらを確認してください。ここでは特に面接試験と関わりの深い部分について解説します。

Ⅰ　キャリアコンサルティングを行うために必要な技能

１　基本的技能

（１）カウンセリングの技能

①　カウンセリングの進め方を体系的に理解した上で、キャリアコンサルタントとして、相談者に対する受容的・共感的な態度及び誠実な態度を維持しつつ、様々なカウンセリングの理論とスキルを用いて相談者との人格的相互関係の中で相談者が自分に気づき、成長するよう相談を進めることができること。

②　傾聴と対話を通して、相談者が抱える課題について相談者と合意、共有することができること。

③　相談者との関係構築を踏まえ、情報提供、教示、フィードバック等の積極的関わり技法の意義、有効性、導入時期、進め方の留意点等について理解し、適切にこれらを展開することができること。

※（2）（3）は、面接試験では扱う場面が少ないので割愛します。

①　冒頭の「カウンセリングの進め方を体系的に理解した上で」というのは、体系的なカウンセリング、つまり、カウンセリングのプロセス、アプローチを理解していること。行き当たりばったりの会話ではなく、何かしらのカウンセリングプロセス、アプローチに則って面接が進められることが求められています。

次の、「相談者に対する受容的・共感的な態度及び誠実な態度を維持しつつ…」これは先に見た関係構築・維持に関する記述です。面接にあたっては相談者との関係構築をベースに進める必要があるということです。

その上で、「様々なカウンセリングの理論とスキルを用いて」、「相談者との人格的相互関係」、つまり、相談者とキャリアコンサルタントの間でありのままを受けとめあうような交流を通して、「相談者が自分に気づき、成長するよう」な相談を進めることができること。

②　「傾聴」と「対話」を通して、とは、「傾聴」に加えて、対話、つまり、相談者とキャリアコンサルタントとの間でコミュニケーションの往復を繰り返す中で、相談者の中にある意味を見出していくこと。そして、相談者が抱える課題について相談者と「合意、共有」すること、とあります。

傾聴と対話の中で見出した、相談者の抱える課題等をキャリアコンサルタントの心の中に留めておくだけではなく、相談者に確認をして、「そうです」と言ってもらい（合意）、お互いに理解を共有することです。

③　積極技法についても適切に活用できること。ただし、「相談者との

関係構築を踏まえ」とあるように、積極技法を用いる際にも関係構築がベースにあります。

（４）相談過程全体の進行の管理に関する技能
　相談者が抱える問題の把握を適切に行い、相談過程のどの段階にいるかを常に把握し、各段階に応じた支援方法を選択し、適切に相談を進行・管理することができること。

　現時点でカウンセリングプロセスのどの段階にいるのかを常に把握しながら進められる（その前提としてプロセスに則った面接を進められている）こと、そして、各段階にふさわしい支援方法を選択できることが求められています。つまり、面接の冒頭でいきなり積極技法を使う、面接が進んでも傾聴技法以外使えず適切な介入ができないといったことは、熟練レベルのキャリアコンサルタントとしてふさわしくありません。
　面接の段階ごとに適切な支援方法を用い、面接を進行・管理できることが求められます。

２　相談過程において必要な技能
（１）相談場面の設定
①　物理的環境の整備
　相談を行うにふさわしい物理的な環境、相談者が安心して積極的に相談ができるような環境を設定することができること 。
②　心理的な親和関係（ラポール）の形成
　相談を行うに当たり、受容的な態度（挨拶、笑顔、アイコンタクト等）で接することにより、心理的な親和関係を相談者との間で確立することができること。
③　キャリア形成及びキャリアコンサルティングに係る理解の促進
　主体的なキャリア形成の必要性や、キャリアコンサルティングでの支援の範囲、最終的な意思決定は相談者自身が行うことであること等、キャリアコンサルティングの目的や前提を明確にする

ことの重要性について、相談者の理解を促すことができること。

④　相談の目標、範囲等の明確化

相談者の相談内容、抱える問題、置かれた状況を傾聴や積極的関わり技法等により把握・整理し、当該相談の到達目標、相談を行う範囲、相談の緊要度等について、相談者との間に具体的な合意を得ることができること。

①　物理的な環境設定。面接を行うにふさわしい場所の選択、椅子の位置、などがこれにあたります。ただし、試験ではすでに運営側で用意されているので、あまりキャリアコンサルタントが行うことはなさそうです。

②　心理的な環境設定。これは面接試験ならではです。論述試験の際にはありません。面接試験は生身の人間が相手です。具体的な相談の中身に入る前、相談者とキャリアコンサルタントが出会った時点からすでに面接は始まっています。例えば、皆さんも知らない人と初めて会ったとき、第一印象で「この人は話しやすそうだな」とか「少し苦手な感じがするな」など、何らかの印象を持つこともあると思います。そういったことが面接にも多かれ少なかれ影響を与えます。

そこで、まずはキャリアコンサルタントのほうから受容的な態度（挨拶、笑顔、アイコンタクト等）で接することで相談者に安心して相談に臨んでもらえるような関係を作ることが必要です。

③　キャリアコンサルティングとは何をするものか。何をして、何をしないのか。支援の前提となるものを相談者と共有すること。面接試験の中で直接このような会話をすることはあまりないでしょうが、実務上はとても重要です。

事前に相談者とキャリアコンサルティングとは何か、その前提を共有することは、相談者がキャリアコンサルティングに対する誤解（過度の期待やその結果としての失望など）を抱くことなく、キャリアコンサルティングをより有効に機能させることにもつながります。

④　相談を進めるにあたっては、傾聴や積極的関わり技法を用いながら

現在地（相談者の相談内容、抱える問題、置かれた状況）をまずは明確にします。

その上で、どこを目指してどのように進めていこうとしているのか。相談者に対して相談支援の進め方についてきちんと説明ができること。それを相談者との間で「合意」して進めることがキャリアコンサルティングを効果的に進める上では必要です。

（２）自己理解の支援

①　自己理解への支援

キャリアコンサルティングにおける自己理解の重要性及び自己理解を深めるための視点や手法等についての体系的で十分な理解に基づき、職業興味や価値観等の明確化、キャリアシート等を活用した職業経験の棚卸し、職業能力の確認、個人を取り巻く環境の分析等により、相談者自身が自己理解を深めることを支援すること。

②　アセスメント・スキル

面接、観察、職業適性検査を含む心理検査等のアセスメントの種類、目的、特徴、主な対象、実施方法、評価方法、実施上の留意点等についての理解に基づき、年齢、相談内容、ニーズ等、相談者に応じて適切な時期に適切な職業適性検査等の心理検査を選択・実施し、その結果の解釈を適正に行うとともに、心理検査の限界も含めて相談者自身が理解するよう支援すること。

（３）仕事の理解の支援

①　キャリア形成における「仕事」は、職業だけでなく、ボランティア活動等の職業以外の活動を含むものであることの十分な理解に基づき、相談者がキャリア形成における仕事の理解を深めるための支援をすること。

②　インターネット上の情報媒体を含め、職業や労働市場に関する情報の収集、検索、活用方法等について相談者に対して助言する

こと。

③　職務分析、職務、業務のフローや関係性、業務改善の手法、職務再設計、（企業方針、戦略から求められる）仕事上の期待や要請、責任についての理解に基づき、相談者が自身の現在及び近い将来の職務や役割の理解を深めるための支援をすること。

（4）自己啓発の支援

①　インターンシップ、職場見学、トライアル雇用等により職業を体験してみることの意義や目的について相談者自らが理解できるように支援し、その実行について助言すること。

②　相談者が啓発的経験を自身の働く意味・意義の理解や職業選択の材料とすることができるように助言すること。

（5）意思決定の支援

①　キャリア・プランの作成支援

自己理解、仕事理解及び啓発的経験をもとに、職業だけでなくどのような人生を送るのかという観点や、自身と家族の基本的生活設計の観点等のライフプランを踏まえ、相談者の中高年齢期をも展望した中長期的なキャリア・プランの作成を支援すること。

②　具体的な目標設定への支援

相談者のキャリア・プランをもとにした中長期的な目標や展望の設定と、それを踏まえた短期的な目標の設定を支援すること。

③　能力開発に関する支援

相談者の設定目標を達成するために必要な自己学習や職業訓練等の能力開発に関する情報を提供するとともに、相談者自身が目標設定に即した能力開発に対する動機付けを高め、主体的に実行するためのプランの作成及びその継続的見直しについて支援すること。

※　(6)(7)(8)については、試験時間の20分間ではそこまで

進むことは少ないのでここでは割愛します。

⑵ 自己理解の支援～ ⑻ 相談過程の総括の解説は論述試験と重複しますので、詳細は第４章をご確認ください。

3 評価区分

（1）評価区分とは

評価区分とは実技試験における採点項目です。評価区分は「基本的態度」、「関係構築力」、「問題把握力」、「具体的展開力」の4つで構成されています。これらはそれぞれ100点満点で評価されます。試験結果には区分ごとの点数が記載されています。

合格のためには4つの評価区分全てが60点を超えている必要があります。4つの評価区分の平均点で60点を超えていたとしても、いずれかの項目が60点を切っていると、「所要点未達」として不合格になってしまいます。合格のためには、ロールプレイの練習などを行う際にも常にこの4つの評価区分を意識しながら取り組む必要があります。

≪試験結果通知例 ①：合格の場合≫

<table>
<tr><td rowspan="2">学科</td><td colspan="6">実技</td></tr>
<tr><td>論述</td><td colspan="5">面接</td></tr>
<tr><td rowspan="3">78
(点)</td><td rowspan="2">62</td><td colspan="4">評価区分</td><td>合計</td></tr>
<tr><td>基本的態度</td><td>関係構築力</td><td>問題把握力</td><td>具体的展開力</td><td>63</td></tr>
<tr><td>到達</td><td>65</td><td>65</td><td>62</td><td>60</td><td>到達</td></tr>
</table>

合格（学科）　合格（実技）

面接試験において、各評価区分で60点以上を取得、なおかつ、合計点（4つの評価区分得点の平均）でも60点を超えているため合格となります。

≪試験結果通知例②：「所要点未達」で不合格の場合≫

学科	実技					
	論述	面接				
78（点）	62	評価区分				合計
		基本的態度	関係構築力	問題把握力	具体的展開力	62
	到達	65	65	62	56	所点未
合格	不合格					

面接の合計点（4つの評価区分の平均点）では62点。合格点である60点を超えています。しかし、4つの評価区分のうち「具体的展開力」で56点と60点を下回っているため、「所要点未達」となり、合格とはなりません。

（2）評価区分とその内容

それでは、まずは改めて評価区分の内容を確認しておきましょう。詳細は協議会のサイトの受検概要（https://www.career-kentei.org/about/）にも掲載されています。「受検される方は、これを熟読した上で、試験に臨んでください。」との記述もありますので、まずはしっかりと内容を把握しておきましょう。

基本的態度：キャリアコンサルタントとして自分をありのままに受容し、言語・非言語で表現し、多くの場合、一致していること。また、必要に応じて相談者の個別問題に応じた支援（助言・情報提供等）を適切に行うことができること。

関係構築力：キャリアコンサルタントとして、相談者に対する受容的・共感的な態度および誠実な態度を維持しつつ、様々なカウンセリングの理論とスキルを用いて、相談者との人格的相互関係の中で相談者が自分に気づき、成長するような相談を安定的に進めることができること。

問題把握力：相談者が表現した内容から、相談者が相談したいことを把握し理解するとともに、相談者が訴えている以外の相談者の問題を把握しており、推論の根拠も説明できること。

具体的展開力：相談者との関係性を意識しながら面談を進め、相談者の訴えを理解した上で適切な目標を設定し、キャリアコンサルタントとしての対応を適切に選択し、対応できることで、相談者に気づき、変化（問題に対する認知の変化、自分または重要な他者に対する認知の変化、自己の表面的な表現から内面表現への変化、具体的行動や意欲の変化など）が起こること。

このままだと具体的に何をどうすればよいのかわかりづらい部分もあるかと思います。そこで、以下で具体的な面接場面において、何をどうすればよいのかについて詳しく見ていきましょう。面接の場面を想像しながら読み進めてみてください。

①　基本的態度

基本的態度は「キャリアコンサルタントとして自分をありのままに受容し、言語・非言語で表現し、多くの場合、一致していること。また、必要に応じて相談者の個別問題に応じた支援（助言・情報提供等）を適切に行うことができること。」とされています。

4つの評価区分の中でももっとも内容が抽象的でわかりづらい項目かもしれませんね。具体的に何をどのように見られているのか。要素を分解しながら見ていきましょう。

まずは、前半の「キャリアコンサルタントとして自分をありのままに受容し、言語・非言語で表現し、多くの場合、一致していること。」から見ていきます。

「キャリアコンサルタントとして自分をありのままに受容し～」とあるので、自己受容（とその前提としての自己理解）ができているかどうかということです。受容というと相談者（他者）に対して行うものというイメージを持たれている方も多いと思いますが、他者を受容するにあたっては、自分自身のこともしっかり受容できていることが前提となります。ここでは「キャリアコンサルタントとして」という語句をわざわざ付けていることから、全人格的にということではなくても、少なくとも「キャリアコンサルタント」（しかも、熟練レベルの）としての自分自身を理解できているか、そして、受容できているか、という意味です。

ちなみに、「キャリアコンサルタントとしての自分」を理解するということは、キャリアコンサルタントとしてのあるべき姿を踏まえた上で、それとの比較の上で、現実の自分を理解するということです。ですので、まずは、キャリアコンサルタントとしてのあるべき姿とはどのようなものかを理解しておく必要があります。

例えば、キャリアコンサルタントとしての役割意識、面接や相談者に対してどのような姿勢・態度で臨むべきなのか、専門家としての知識やスキルの活用などです。

これらについては倫理綱領などにも参考となる記述がありますし、周りにいる１級、２級の技能士の方に尋ねてみてもよいかもしれませんね。

そして、あるべき姿を理解した上で、それに対しての自分の有り様、つまり、今の自分のできること、できないことを理解できているか。その上で、理想（あるべきキャリアコンサルタントとしての姿）と現状（現実の自分）双方を受け入れられることです。

さらには、現状の自分を受け入れた上で、そこから理想の姿に近付けようとする姿勢があることも含意されていると考えられます。そういう意味では、自己研鑽の姿勢なども評価対象に含まれます。

そして、「言語・非言語で表現」するという言葉からも、これらの内面的なあり様を心の中だけに留めておくのではなく、その状態を見える形で体現できていることが必要です。これは、面接の中におけるキャリアコンサルタントとしての言葉や態度で見せていくことになります。

続いて「～自分をありのままに受容し、言語・非言語で表現し、多くの場合、一致していること」とあります。いわゆる「自己一致」です。

ロジャーズも、セラピーの場面では、「セラピストはその関係の中で一致している状態、統合している状態であること」が必要であるといいます（この場合、セラピー＝キャリアコンサルティング、セラピスト＝キャリアコンサルタントと読み替えて理解してください)。自己一致していることは、キャリアコンサルティングを十分に機能させるためにキャリアコンサルタントに求められている条件だと考えてください。

とはいえ、もちろんキャリアコンサルタントとはいえ生身の人間ですので、常に自己一致しているというのは現実的にかなり難しいことです。「多くの場合」ということですから、常に一致していなければいけないという訳ではなく、一致の状態を基本としながらも、ときに不一致を起こすことがあったとしても、それにいち早く気付き、一致の状態を維持するよう努めることができることが大切です。

その点から言うと、一致しているか否かを含め、自分自身の状態を客観的に把握できているかというのも重要な要素となります。それが顕著に表れるのが口頭試問です。口頭試問では、ロールプレイとロールプレイ中の自分自身の有り様を客観的に把握できているかが見られています。口頭試問は、「ありのまま」自身を振り返り、できたことは『できた』、できなかったことは『できなかった』と評価できることが大切です（口頭試問の詳細は第６章で解説します)。

次に、後半の「必要に応じて相談者の個別問題に応じた支援（助言・情報提供等）を適切に行うことができること。」というのも、一種の自己一致です。面接の中でキャリアコンサルタントが頭（心）の中で「やろう（やる必要がある）と思った支援」と実際の言動として「やっている支援」が一致しているかどうかということです。キャリアコンサルタントとして自身の内面で起こっていることと、表出された言動が一致しているかどうか。よくロールプレイの振り返りの中でも「やろうと思ったけどできなかった」との言葉を聞く場面があります。これは、頭の中で「やろうと思った自分」と実際に「やれてない自分」との間に不一致があります。自己一致しているとは言えません。

ただ、ここで留意していただきたいのは、「やろうと思ったけどできなかった」と「やろうと思ったけど、（諸事情を考慮した上で）やらなかった」とは全く違うものだということです。評価区分にも「必要に応じて～」と書かれているように、必要のないときまでやる必要はないのです。必要性に応じて「やろうと思ったけどやらなかった」、ということは十分あり得ますし、適切な判断とみなされることも多いです。「やろうと思ったけどできなかった」は、キャリアコンサルタント側の都合（というより力量の問題）ですが、必要性や状況に応じて「やろうと思ったけどやらなかった」というのは相談者のための行動であり、適切な支援の一環とも言えます。そして、「やらないことを選択した自分」と「やらなかった自分」との間に齟齬はありません。一致しているといえます。

ただし、これらの違いは傍から見ている第三者（試験官）からはわかりづらい場合もあるので、「やろうと思ったけどあえてやらなかった」などという場合は、口頭試問でしっかりと意図を含めて話す必要があります。

このように、基本的態度ではロールプレイ中の態度・言動、口頭試問の対応を含めて評価対象となっていると意識しながら練習にも取り組んでみてください。

≪基本的態度のポイント≫

・キャリアコンサルタントとして自己理解と自己受容ができている。

・面接の中でありのまま、自然な状態で相談者に接している。
・上記状態にあることが言語・非言語で相談者にも伝わっている。
・口頭試問での客観的かつ論理的な応答ができている。
・必要に応じた支援（助言・情報提供等）を適切に行える。
・キャリアコンサルタントとしてのあるべき姿を理解している。
・自己研鑽の姿勢を示せている。

② 関係構築力

関係構築力は「キャリアコンサルタントとして、相談者に対する受容的・共感的な態度及び誠実な態度を維持しつつ、様々なカウンセリングの理論とスキルを用いて、相談者との人格的相互関係の中で相談者が自分に気付き、成長するような相談を安定的に進めることができること。」とされています。

こちらも、また要素分解して見ていきましょう。まず、「キャリアコンサルタントとして、相談者に対する受容的・共感的な態度及び誠実な態度を維持しつつ」とあります。

キャリアコンサルタントとしての基本姿勢であり、相談者との関係を構築する上での基本姿勢でもある、「受容的」、「共感的」、「誠実」な態度で相談者に接することができているか、ということです。

まず、「受容的な態度」はキャリアコンサルタントが相談者をありのまま受け入れているかということです。相談に行くというのは人によってはとても勇気が必要なことです。もちろん相談に対する期待もありますが、一方で「こんな話をしても大丈夫だろうか」、「どのように思われるのだろうか」といった不安や恐れのような気持が大なり小なりあるものです。相談者によっては、自分のことをよく知りもしないキャリアコンサルタントから「否定的に見られる」ことはもちろん、「評価される」ことそのものが相談のハードル、面接の中で自由にふるまうことを妨げる要因になる場合もあります。

そこで、特に面接冒頭では、相談者に「この人（キャリアコンサルタント）は何を話しても大丈夫だ」と感じていただくことが大切です。そうでないと、安心して話していただくこともできず、キャリアコンサルタント側も相談者を十分に理解することができなくなってしまいます。また、相談者も防衛が働いている状態では、じっくり内省を深めることもできないので、キャリアコンサルティングの効果も十分発揮できなくなってしまいます。

そこで、まずは相談者から評価される心配を取り除いて、安心安全な場だと認識してもらえるように関わっていく必要があります。

もちろん、キャリアコンサルタントも人間なので、相談者、または、相談の内容について思うところはあるかもしれません。しかし、熟練レベルのキャリアコンサルタントとして「関係構築」という意図の下では、それらは一旦脇に置いて、価値判断を入れず、「そういうもの」として受け入れます。ニュアンスとしては「受け取る」のほうが近いかもしれません。

また、「価値判断を入れない」ということで言うと、「批判する」、「拒絶する」など否定的な評価はもとより、「誉める」などという一見ポジティブなものもそれに反します。「誉める」ということはキャリアコンサルタントがある特定の行為を「良い」と判断していることになるからです。これも相談者を「ありのまま」を受け入れていることにはなりませんので注意が必要です。

ちなみに、実際のキャリアコンサルティングでは、面接が進むにつれて、キャリアコンサルタントとして相談者やその問題に対して何らかの「評価」を行う場面は出てきます。ただ、それはここにある「関係構築力」での行いではなく、次の「問題把握力」での行いなどに該当します。少なくとも相談者との関係を構築する上では、「ありのまま」を受け入れる姿勢が大切です。

次の「共感的な態度」は、相談者の話を「相談者の枠組み」で理解しようとする態度です。「同感」、「同意」する必要は全くありませんし、それらの気持ちとは明確に区別することが必要です。「共感」において大切なのは「相談者にとって」ということです。相談者にとっては何をどのように感じているのかを理解しようとすることです。特に、相談場面において大切なのは、相談者の「気持ち」を理解することです。相談者は相談内容について「事柄（事実関係など）をわかってほしい」という気持ちもあるでしょうが、それ以上に「気持ちをわかってほしい」と願うものです。

例えば、相談者はその問題状況の中で、何かをしたり、しなかったりしているのですが、それらはいずれもその人なりの思いがあってのことです。何かをしたとか、しなかったという事実（事柄）を理解することに加え、「どうして」そのようにしたのか、その気持ちのところまでくみ取って理解し、理解したことを共有することがポイントです。具体的には、「○○さんは△△したんですね」だけでなく、「○○さんは～という思いがあったから、△△したんですね」といったように、相談者の行為だけでなく、そこに込められた気持ちまで含めて理解されたと感じたときに、相談者としてはより深く「わかってもらえた」と感じます。

また、どれだけ深く相談者のことを理解したとしても、キャリアコンサルタントが何も言わなければ、相談者にはキャリアコンサルタントがどの程度自分のことを理解してくれているのか外側からではわかりません。そこで、キャリアコンサルタントは相談者を理解することに努めると同時に、わかったことは言葉にして相談者に伝えることも大切です。それによって、相談者もキャリアコンサルタントがどの程度自分のことを理解してくれているのかがわかります。十分に理解してくれていると感じれば、「この人は自分のことを理解してくれている」と信頼感を寄せてくれるようになるでしょうし、理解が足りなかったり、間違っている場合などは修正をかけてくるでしょう。相談者に関する理解は常に正確であるに越したことはないのですが、キャリアコンサルタントとはいえ、常に100%相手のことを正しく理解できるとは限りません。より正確に理解しようと努めつつ、相談者との間で理解したことの確認と修正を繰り返し、より正確な理解へとすり合わせていくことが大切です。

相談者にとっての、この「わかってもらえた」という気持ちは、信頼関係の構築につながります。それに加え、「自分のことを理解してくれている人がいる」という実感は相談者が主体的に問題解決に取り組むための力添えになります。

「誠実な態度」は先に見た自己一致と重なります。キャリアコンサルタントが一致して、自然な態度で相談者に接することができていること。キャリアコンサルタント自身のあり様が作為的ではなくありのままで接することによって、相談者も過度に防衛することなくキャリアコンサルタント（そして、ひいては自分自身）に向き合うことができます。

また、関係構築は面接の冒頭において特に重要ですが、そこで終わるものではなく、面接が続く限りはずっと意識し続けることが必要です。特に、面接が進み、問題把握や具体的展開の段になるとキャリアコンサルタントからの介入の場面や相談者に問題に直面してもらう場面などもでてきます。そういった場面では何もしないと関係性は落ちます。ロールプレイの練習などでも、「最初はいい感じだったのに、急に相談者が不機嫌になりだした」とか「急に話してくれなくなった」などという経験がある方もいらっしゃるかもしれません。

面接中は終始、相談者との関係性に気を配ること、そして、相談者の言語・非言語のシグナルを見逃さないことが重要です。関係性が落ちてきているように感じたら、傾聴技法を用いながらメンテナンスに努めましょう。ここで「時間がないから」などキャリアコンサルタントの都合で押し切ろうとすると、相談者から抵抗にあって面接が進まなくなる、キャリアコンサルタントがいろいろ提案しても相談者に受け入れられない（表面的には受け入れたように見えても実行しない等）といったように、結局、相談者の役に立つ面接にならなくなってしまいがちです。

効果的な支援をやり遂げるには、関係を維持し続けることも関係構築と同じくらい大切なことだと認識して、常に関係性を意識しながら進めていきましょう。

次に、「様々なカウンセリングの理論とスキルを用いて」とありますが、これは必ず理論を使わなければいけないとか、むやみやたらに理論やスキルを使えばよいということではありません。キャリアコンサルタントとしての相談なので、何かしらキャリアコンサルタントとしての専門的な理論やスキルを用いる機会はあるでしょう。しかし、理論やスキルはあくまで手段ですので、状況に応じて適宜活用できることが望ましいといえます。

また、「様々な～」とあることから、特定の理論やスキルにこだわらなくてもよいのと同時に、相談者や相談内容の特性に応じて、適宜使用する理論やスキルの使い分けができることが求められているともいえます。どんな相談、どんな相談者にも常に自分の得意な理論やスキルにあてはめようとすることは避けたほうがよいでしょう。「相談者主体」というキャリアコンサルティングの趣旨にも外れますし、ある特定のアプローチでしか支援できないというのは、熟練レベルのキャリアコンサルタントとしては少し物足りません。その場合は、自己研鑽によりバリエーションを増やす努力が必要かもしれません。

そして、「相談者との人格的相互関係の中で相談者が自分に気付き、成長するような相談を安定的に進めることができること。」キャリアコンサルティングの目的からすると、関係構築は確かに重要ですが、それ自体が目的ではありません。ただ単に「仲良くなって終わり」ではなく、相談者にとっては相談に来る前と後で抱えている問題に対しての何かしら変化があるような面接になっていることが重要です。相談者との信頼関係を築き、相談者とキャリアコンサルタントの対話のなかで相談者が内省を深めることや、キャリアコンサルタントからのかかわりなどによって相談者の中で、問題の解消や目標の実現に向けての前向きな変化が起こるような相談ができていること。そして、それを「安定的に」行える力がキャリアコンサルタントには求められています。

≪関係構築力のポイント≫

・受容的な態度（相談者に対する評価を差し控え、ありのまま受けとめる）、
共感的な態度（相談者の枠組みで理解しようとし、理解したことを伝える）、
誠実な態度（誠実な態度で相談者に向き合う）、
これら3つの態度を維持できている。

・相談者や相談の内容に応じた理論・スキルの選択・活用ができている。

・相談者が自分に気付き、成長するような面接（ただ仲良くなって終わるのではない）ができている。

③　問題把握力

次の問題把握力は、「相談者が表現した内容から、相談者が相談したいことを把握し理解するとともに、相談者が訴えている以外の相談者の問題を把握しており、推論の根拠も説明できること。」です。

ここでは大きく2つのことが見られています。一つは、「相談者が相談したいこと」。相談者視点での問題ですね。そして、もう一つは、「相談者が訴えている以外の相談者の問題」。いわゆるキャリアコンサルタント視点での問題です。

まず押さえるべきは、相談者視点での問題です。相談者の相談したいことを理解し、確認（場合によっては修正）し、共有します。相談者からすれば、自分が何に困っているかもわかってくれない人に相談しようとは思わないですよね。まずは相談者の枠組みから、相談者が何を問題だと思っているのかを理解することに努めます。

この「相談者の枠組みで理解する」というのは、ある意味で共感的理解と関係構築の延長上のものでもあります。共感的理解の延長という点でいえば、相談者の相談したいことを理解することに加えて、理解したことを相談者に伝え、そして、必要であれば修正をし、最終的に「あな

たが相談したいこと（問題と感じていること）は、～～ですね」と言ったときに、相談者が「そうです」と言ってくれる程度に理解できる状態を目指す、ということになります。

そして、相談者視点の問題に加えて、もう一つのキャリアコンサルタント視点での問題の把握も必要です。相談者には自分では気が付いていない（もしくは気が付かないようにしている）問題もあります。それらの問題を解決することが相談者の問題解決に有効な場合も多いです。

ただし、相談者本人の訴えていることではなく、キャリアコンサルタントの推論でもあるので、本当にそのことが問題だといえるだけの根拠が必要です。根拠がない問題の指摘は、キャリアコンサルタントの決め付けや思い込みと紙一重です。

ですので、問題の把握とともに「根拠」を押さえるようにしましょう。根拠の主たるものは相談者の言動です。他にはキャリア形成の視点や各キャリア理論なども根拠になり得ます。

これらを基にキャリアコンサルタント視点の問題を見立て、把握、共有していきます。キャリアコンサルタント視点の問題は、相談者視点の問題に比べると、面接の中ではわかりづらい場合もありますので、口頭試問では、問題点と根拠を併せてしっかりと答えられるようになっておくことが大切です。

≪問題把握力のポイント≫

・「相談者視点の問題」を把握、共有できている。
・「キャリアコンサルタント視点の問題」が把握、共有できている（その根拠となる相談者の言動なども含めて理解する）。

④　具体的展開力

具体的展開力は、「相談者との関係性を意識しながら面談を進め、相談者の訴えを理解した上で適切な目標を設定し、キャリアコンサルタントとしての対応を適切に選択し、対応できることで、相談者に気づき、変化（問題に対する認知の変化、自分または重要な他者に対する認知の変化、自己の表面的な表現から内面表現への変化、具体的行動や意欲の変化など）が起こること。」とされています。

まずは「相談者との関係性を意識しながら面談を進め、相談者の訴えを理解した上で〜」とありますが、これは前段の①〜③を適切に行った上で、ということです。①〜④の評価区分はそれぞれ独立したものではなく、相互に関連しあっています。具体的展開力だけでなく、基本的態度、関係構築、問題把握が適切に行えているか、よりよく行うためには何をすればよいかといった課題に取り組むことで全体の点数が底上げされ、結果として具体的展開力の点数も上がるということがよくあります。

その上で、「目標を設定し、キャリアコンサルタントとしての対応を適切に選択し、対応できることで〜」という段階に進みます。これは、③の問題把握を踏まえて（相談者視点、キャリアコンサルタント視点の問題を踏まえて）、適切な目標を設定する（目標設定）。そして、その目標に対する適切な対応（方策）を選択することです。

そして、それによって「相談者に気づき、変化（問題に対する認知の変化、自分または重要な他者に対する認知の変化、自己の表面的な表現から内面表現への変化、具体的行動や意欲の変化など）が起こること。」が求められています。

キャリアコンサルティングの面接は、お話をして終わり、ではなく、目的のある面接です。面接によって、相談者に問題解決に向けた何かしらの気付きや変化が起こることが求められています。

気付き、変化などというと、ものすごく大きなことのように考えてしまう方も多いのですが、必ずしも大きくなくても問題の解決に向けた意味のある変化であればよいのです。その一つの目安は、面接に「来た時」と「帰る時」で何かしらの変化が起こっていることです。具体的には、問題が解決・解消しないまでも、気持ちが変化したり（前向きになる、整理されるなど)、考え方が変化したり（面接前には考えてなかったことを考えるようになった、ものの見方が変わったなど)、面接中に行動が変わるのは現実的には難しそうたけれども相談室の外に出た後に行動の変化がありそうか（具体的に「○○してみます」などの発言があったなど)、などです。

実際の試験では、必ずしも面接の20分間で具体的展開まで進む必要はありませんが、その前段階でも、相談者に何かしらの気付きや変化があれば得点につながります。または、口頭試問でこれらの変化の見通しについてしっかりと答えることができれば合格の可能性は高まります。この点からも、面接と口頭試問は全体で一つの試験であること、口頭試問までの見通しをもって面接を進めることが大切だということを再確認しておきましょう。

≪具体的展開力のポイント≫

・問題に対する適切な目標が設定・共有できている。
・目標に対する適切な方策が選択・共有できている。
・相談者に気付き・変化が起こる。

以上が4つの評価区分とその詳細です。ここでは、評価区分を一つひとつ分けて説明してきました。しかし、これらは完全に独立したものではなく、それぞれがお互いに関連しあっています。例えば、適切な問題把握は、関係構築が十分にできていることで可能になります。適切な目標設定は、問題を的確に把握できていることで可能になります。

合格のためにはそれぞれの評価区分の点数を上げることと同時に、全体の底上げを行っていきましょう。そして、繰り返しますが、各評価区分で60点以上を得点する必要がありますので、まずは、それぞれの評価区分のポイントを押さえ、確実に60点以上を取れるよう取り組んでいきましょう。

4 実施要項

試験の実施要項には、面接試験の実施方法と注意事項が記載されています。この実施要項は受検票と一緒に送られてきます。受検票が届いたとき、多くの方は5つのケースのほうに目が向きがちですが、実施要項にも試験を受ける上で大切なことが書かれてあります。

過去の実施要項は、協議会のサイトにも面接試験の過去問と一緒に掲載されていますので、そこでも確認できます。下記にこれまでのものを参考に実施要項の内容を記載していますので、どのようなことが書かれているのか確認しておきましょう。ただし、今後変更される可能性がないとは言えませんので、実際に受検する際には受検票に記載された最新の実施要項にしっかりと目を通しておいてください。

【実施要項の具体的内容】

実技（面接）試験は、以下の実施方法により行われます。

1．実施方法

ロールプレイ…20分

口頭試問………10分（口頭試問は、試験官からの説明、質問等も含みます）

面接試験はロールプレイと口頭試問から構成されます。ロールプレイに全力を投入される方が多いのですが、口頭試問も含めて30分の試験だという意識で臨んでください。

試験前の練習でもできる限り「ロールプレイ＋口頭試問」を常にセッ

トで行うことをお勧めします。

2．相談内容は、次頁の 5 ケースのうちから 1 ケースが出題されます。

この実施要項と一緒に「5つのケース」が送られてきます。5人の相談者についての簡単なプロフィールと相談したい内容が記載されています。詳しくは後述しますが、本試験ではこの5人の中の誰かを対応することになります。それが誰かは試験本番にならないとわからないようになっています。

3．受検者は、民間の相談機関の相談室（学生、社会人その他様々な人を対象にしたキャリア相談窓口）において、キャリアコンサルタントの役割を担っていると仮定してロールプレイを行います。

次は受検者である皆さんの役割設定です。「民間の相談室のキャリアコンサルタント」という設定なので、実際の皆さんの立場は脇においてください。例えば自己紹介などで実際の皆さんの立場「大学のキャリアセンターでキャリアコンサルティングを行っています」といったことは言う必要はありません。

4．相談者は試験係員が担当します。

試験はあくまでも「ロールプレイ」なので、実際の相談者さんではありません。この「相談者役」は試験係員が担当します。たいていは、試験当日に皆さんを控室から試験室に案内してくれる方がそのまま担当することが多いです（詳しくは、第2章❺試験当日の流れを参照）。

5．面接時間は20分という設定でロールプレイを行います。なお、キャリアコンサルティングの開始にあたっては、守秘義務、持ち時間など事前説明は済んでいるものとして進めてください。

つまり、試験が始まったら、すぐに本題に入っていただいて結構です、ということです。

とはいえ、いきなり第一声が「今日はどうしましたか」というのも不自然なので、挨拶と簡単な自己紹介（「こんにちは。キャリアコンサルタントの○○と申します」）をするとよさそうです。

実施要項にこの項目が追加される前は、守秘義務や持ち時間、途中で終了した時の継続面談の案内､その他にもアイスブレイク的な会話（「この場所はすぐにわかりましたか」､「今日はかなり雨が降っていましたが大丈夫でしたか」など）にかなりの時間を費やす受検者もいました。実務上は大切なプロセスではあるのですが、試験では試験官から見ると形式的なやりとりで時間を費やしているという印象になりかねません。試験は 20 分という限られた時間です。試験官からすると「前置きはいいから、早く本題に入ってください」ということかもしれません。ただ、このあたりはある程度自由に設定して問題ないかと思います。

特に最初の場面は関係構築に影響がありそうです。

6．面接を進めるにあたって、キャリアコンサルタントのあり方は自由ですが、相談者との関係構築、相談者の抱えている問題、その問題に対する目標設定など、具体的展開につながるような応答、プロセスを心がけてください。

面接の中でキャリアコンサルタントの依って立つ理論やアプローチには、特に制約はありません。ただ、いずれにしても関係構築、問題把握、目標設定、具体的展開につながるようなかかわりと面接の進行を意識する（そして、実際にできている）ことが必要です。

7．ロールプレイ後、口頭試問を行います。
口頭試問の例：

①ロールプレイを振り返って良かった点、改善したい点（またはできたこと、できなかったこと）は何ですか。
②相談者が相談したい問題は何ですか。

1.にも記載されていますが、この試験はロールプレイと口頭試問がセットで行われます。口頭試問については第6章を参照してください。

8．合格基準は100点満点で60点以上の得点です。評価区分は基本的態度、関係構築力、問題把握力、具体的展開力の4区分です。なお、評価区分ごとに満点の60%以上の得点（所要点）が必要です。

面接試験の合格点は60点なのですが、総合点だけでなく評価区分ごとに60点以上の得点が必要です。各評価区分で何が問われているのか、しっかりと押さえた上で練習を重ねていきましょう。

9．厳正な採点を行うため、面接試験内容を録音します。受検者は受検に際し、資料等の持ち込み、メモ・録音は一切できません。なお、録音をしていた場合は失格となります。

試験中の録音やメモは禁止です。試験内容の情報漏洩については、失格扱いになるなど厳しい対応が取られています。例えば、一緒に受検する仲間がいると、ついつい「受検日が自分より後の仲間のために…」といった思いで、自分が当たったケースがどんな人で、どんな相談内容だったかなどについて情報共有してしまう方もいるかもしれませんが、そのせいでせっかくの合格のチャンスを逃してしまわないように気を付けましょう。

また、当日試験室に向かう前に必要のない荷物は試験室に置いていくように注意があります。緊張しているとうっかり聞き逃したりしてしまうこともあるのですが、落ち着いて受検シールだけは持って控室を出ましょう。

【参考：試験室の様子】

※あくまで一例です。

5 再び、5つのケースについて

第2章でお伝えしましたが、受検票と一緒に面接試験の5つのケースが記載された書類が送られてきます。5人の相談者それぞれの「氏名」、「年齢（学生のケースでは学年も）」、「家族構成」、「簡単な経歴」、「相談月」（主に学生のケース）、そして、「相談したいこと」が記載されています。この5人のうちの誰かが、試験当日に相談者として皆さんの前に現れます。

ケースが届いてから面接試験本番までは1か月以上ありますので、準備のための時間は十分にあります。試験対策ということもありますが、それを抜きにしてもキャリアコンサルタントとして、相談者に対してよりよい相談支援が提供できるように、わからないことは調べておく、気になるポイントを整理しておくなどの事前準備をしておきましょう。

ただし、1つ注意点があります。事前にケースを分析して「このケースの問題は○○だから、このように面接を進めればよい」など、シナリオを組み立てて、試験本番もその通りに面接を進めようとする方がときどきいらっしゃいます。たしかに事前の準備は大切ですが、事前にどれだけ分析をしても「唯一の答え」がわかるというものではありません。

事実、試験後には毎回、受検者から「○○さん（相談者）、まさかこんな設定だなんて思わなかった」、「事前に考えていたのとは全然違う内容だった」などという声を聞きます。どれだけ想像を巡らせても、やはり試験当日には様々な想定外が待っています。

そのようなとき、試験のために良かれと思ってあれこれ考えていたことが、かえって相談者理解や面接の進行の妨げになってしまうこともしばしばあります。皆さんも事前の準備として、様々な可能性を想定しておくことは大切ですが、本番ではそれらはいったん脇に置いて、目の前の相談者さんの訴えに耳を傾けるようにしましょう。

6 関連する各試験との違い

ここまで、面接試験の内容について見てきました。さらにより深く面接試験の特徴を捉えるために、ここでは論述試験や２級キャリアコンサルティング技能検定の面接試験と関連のある試験との比較をしてみましょう。

（１）論述試験との違い

①　相談者が目の前にいる

論述試験との一番大きな違いは「相談者が目の前にいるか、いないか」ということです。当然ですが、面接試験では目の前に相談者がいます。ここでは生身の人と人とのコミュニケーションが行われます。そのため、論述試験では把握しにくいキャリアコンサルタントとしてのクライアントへの対応力、「基本的態度」や「関係構築力」がしっかり評価されるようになります。

特に、相談者が生身の人間であるため、受検者の関わり方一つでその後の対応が大きく変わってきてしまいます。相談者との関係性が重要になってきます。例えば、論述問題では問題把握や目標設定・方策の手掛かりとなる情報はすでに問題文の中にありますが、面接の場合は、関係性を使ってこれらの情報を集めなければなりません。つまり、関係構築ができていないと必要な情報も手に入らず、「関係構築力」のみならず、その後の「問題把握力」や「具体的展開力」の点数にも影響してしまいます。

また、受検者からの助言や提案を受け入れてくれるかどうかにも関係性は大きくかかわってきます。どれだけ内容が適切であったとしても、

「この人（受検者）の言うことは聞きたくない」となると拒否されてしまいます。これも論述試験とは大きく異なる点です。

②　必要な情報は相談者の中にある

次に、「論述は書かれていることが全て。面接は必要な情報が相談者の中にある」ということです。先の「相談者が目の前にいるか、いないか」とも関連しますが、論述試験は目の前に相談者がいないので、本人に確認したり、新たな情報を引き出したりすることはできません。あくまで、逐語記録に書かれていることが全てであり、その中から解答を考える必要があります。あらかじめ必要な情報がそろっているという意味では良いように思えるのですが、一方で、しっかりと逐語記録の中の根拠を示せないと、キャリアコンサルタントの「決め付け」、「思い込み」とみなされる可能性もありますので、要注意です。

一方で、面接試験は相談者が目の前にいるので、何か疑問があれば尋ねることができますし、「このような問題があるのではないかな」と思ったときにも、その根拠を捉えるための質問をすることができます。必要な情報を得ようと思えば得られる状態にあるのが面接試験の良いところです。

しかし、前述のように、相談者とのやりとりがうまくいかないと、必要な情報を得ることができず、問題把握やその後の展開もうまくいかなくなってしまう可能性もあります。また、やり取りを重ねる中で相談者に変化が起こり、発言内容や考えていることが変わってくるという可能性もあります。論述試験ではあまりそのようなことはありませんが（あったとしてもそれも逐語記録中に記述されています）、面接では刻々と変化する相談者の様子を捉えていく必要があります。

③　コミュニケーションが大切

また、面接ではキャリアコンサルティングのスキル以前に相談者とのコミュニケーションが大切になってきます。それも、言語的なコミュニケーションだけでなく、非言語的なコミュニケーションにも気を配る必要があります。キャリアコンサルティングとして云々以前に、受検者の表情、態度、言葉選び一つで相談者の反応が大きく変わってしまうことも少なくありません。

例えば、相談者が「この人、話しやすそうだな」と思うか「この人、なんだか話しづらいな」と思うかでその後の流れは変わってきます。それも明確に何かそのように思う理由があったときだけでなく、「何となく」という感覚的なレベルでもそのようになってしまいます。しかも、例えば、面接冒頭など一時のことではなく、面接の最初から最後まで、コミュニケーションによる影響は常に生じ続けています。

「何を言うか」はもちろん大事ですが、それと同じ、もしくは、それ以上に「どう言うか」、「誰が言うか」が影響を与えてしまうのが面接試験です（普段の面接もそうですが）。そのため、キャリアコンサルティングの知識やスキルを磨くことはもちろん大切ですが、同時に面接における（もしくは、日ごろからのコミュニケーションにおける）ご自身の表情、態度、言葉遣いなどにも気を配っておく必要があります。

④　進行管理・時間管理も大切

最後に、「進行管理」の大切さです。論述試験は問題を解くために必要な情報はもうすでに紙（逐語記録）の上にそろっています。

一方、面接試験はほとんど情報がない状態からスタートし、20分間で必要な情報を得ながらコンサルティングを展開していかなければなりません。それも、人と人とのコミュニケーションなので、話題がそれたり、行ったり戻ったりすることもあります。相手があることなので、一方的に進める訳にもいきません。基本的には相談者のペースを尊重する必要があります。

これらに費やせる時間は20分です。論述問題を解いたことがある方は実感されていると思いますが、60分も決して長くないです。面接試験はその1／3の時間で、行きつ戻りつしながら進むコミュニケーションの中でキャリアコンサルティングを進行していきますので、論述と同じかそれ以上に「進行管理」、「時間管理」に気を配る必要があります。

（2）国家資格キャリアコンサルタント試験との違い

①　面接時間が5分延びる

国家資格キャリアコンサルタント試験は、面接15分、口頭試問5分でした。一方、2級キャリアコンサルティング技能検定（以下、「2級技能検定」といいます）は、面接20分、口頭試問10分です。面接、口頭試問ともに5分ずつ延びます。

これは、単に時間が伸びるということではなく、その分面接を前に進める（展開させる）必要があるということです。

国家資格キャリアコンサルタント試験の場合は、関係構築を行いながら、相談者視点の問題を正確に把握するとともに、併せてキャリアコンサルタント視点での問題把握ができるところまで、というのがおおよそ15分の面接の中でやるべきことになります。

一方で、2級技能検定では、そこからさらに捉えた問題に対する目標の設定（場合によってはその先の方策の提案まで）を行う必要があります。

そのため、面接で使う技法にも違いが出てきます。国家資格キャリアコンサルタント試験ではまずは傾聴技法を使えることが重要ですが、2級技能検定では、さらに面接の段階が進むこともあり、傾聴技法はもちろん積極技法も適切に使いこなせるようになっておく必要があります。

②　評価区分、合格基準が異なる

前述の通り、2級技能検定の評価区分は「基本的態度」、「関係構築力」、「問題把握力」、「具体的展開力」の4つです。国家資格キャリアコンサルタント試験の評価区分とは異なります。

国家資格キャリアコンサルタント試験の評価項目は、協議会では「態度」、「展開」、「自己評価」。JCDA（日本キャリア開発協会）では「主訴・問題の把握」、「具体的展開」、「傾聴」です。どの評価項目が2級技能検定のどの評価項目に相当するかは諸説ありますが、受検にあたっては2級技能検定の評価区分とその中身を改めて確認をした上で臨んでいただきたいと思います。

また、国家資格キャリアコンサルタント試験の場合は論述と面接の合計点で合否が決まります。一方、２級技能検定では論述と面接、それぞれで60点以上（さらには面接では各評価区分で60点以上）を得点することが合格の条件です。国家資格キャリアコンサルタント試験では「論述が苦手でも面接でカバーする」であるとか「面接が苦手でも論述でカバーする」ということもできたのですが、２級技能検定ではそれができません。また、論述・面接のどちらかだけ合格だった場合でも、「持ち越し」ができません。そのため、どちらかが不合格であれば、次回の試験では論述・面接の両方を受検しなければなりません。どちらも（同時に）合格点を取れる力量があることが合格の条件です。これが「標準レベル」との違い＝「熟練レベル」のキャリアコンサルタントに求められていることだともいえます。

③　事例の情報が事前にわかっている

これも大きな違いです。国家資格キャリアコンサルタント試験では試験本番直前まで相談者の情報はありません。一方、２級技能検定では受検票と一緒に５つの事例が送られてきます。第２章でも紹介したようにそこには、相談者の簡単なプロフィール、家族構成、相談内容まで書かれています。これは相談者により良い援助を提供するために事前に調べられることは調べてから面接に臨むことを求められているともいえます。

一方、事前に情報があると、つい相談者の人物像や相談の内容、想定される展開などをあれこれ想像してしまいます。そして、それを実際の相談者に当てはめようとしたり、事前に想定した面接の流れに沿って進めたりしてしまいそうになります。しかし、キャリアコンサルタントの先入観や思惑で面接を進めようとするのではなく、常に目の前の相談者に向き合うことができるかも見られている…というのは深読みのしすぎでしょうか。

④　第一応答が、長い

面接試験の冒頭は、キャリアコンサルタントの「本日はどのようなご相談ですか」などの発言から始まることが多いですが、この後の相談者の応答が長いというのも特徴です。

具体的には、事例の「相談したいこと」をほぼそのまま話すことが多いです。これは実際に聞いてみると、かなり長いです。特に国家資格キャリアコンサルタント試験をJCDAで受験された方からは、「なんでこの人こんなにしゃべるの？と戸惑った」という声も聞きます。そのため、相談者の話す内容を覚えきれないという受検者の声もよく聞きます。後述しますが、絶対に全ての内容を覚えなければならないというものでもないのですが、やはりプレッシャーを感じますよね。

7 20分間の面接で行うこと

それでは、面接はどのように進めていくのでしょうか。試験では特定の方法が規定されている訳ではありません。

論述試験と面接試験の関係を思い出してください。論述試験は「支援の設計書」、面接試験はその設計書を実践する場です。つまり、面接試験も基本的には論述試験と同じ構造、キャリアコンサルティングプロセスに則って進めていきます。そこで、まずは、第4章で紹介した論述試験の構造を踏まえて、面接試験の構造を確認しておきましょう。

【論述試験とキャリアコンサルティングプロセスの関係】（再掲）

基本的態度 関係構築力	問題把握力	具体的展開力
関係構築	問１ 相談者視点の問題 （何に困って相談したいか）	問３①、② 目標・方策 （問題に対する具体的な対処行動とその結果としての行動、内面の変化）
	問２ キャリアコンサルタント視点の問題 （キャリアコンサルタントの見立て）	
関係維持		
基本的態度		

これが、面接試験になると次図のようになります。基本構造は同じですが、論述では設問として直接的には問われていなかった「基本的態

度」や「関係構築」も含めて、相談者との傾聴と対話を通して時間軸に沿って進めていきます。

【面接試験とキャリアコンサルティングプロセスの関係】

<table>
<tr><th>基本的態度
関係構築力</th><th>問題把握力</th><th>具体的展開力</th></tr>
<tr><td rowspan="3">関係構築</td><td>相談者視点の問題
（何に困って相談したいか）</td><td rowspan="2">目標・方策
（問題に対する具体的な対処行動とその結果としての行動、内面の変化）</td></tr>
<tr><td>キャリアコンサルタント視点の問題
（キャリアコンサルタントの見立て）</td></tr>
<tr><td colspan="2">関係維持</td></tr>
<tr><td colspan="3">基本的態度</td></tr>
</table>

面接開始 ➡ 終了

では、上記のプロセスを20分間でどのように進めていけばよいでしょうか。

次に示すのは流れを図式化したものです。しかし、ご存知のように個々の面接は相談者や相談内容などによる個別的なものです。ですので、相談（者）の個別性を無視して型に当てはめるような面接を進めることは慎まなければいけません。

とはいえ、初めて試験に臨むにあたり何も参考にするものがない中で進めるのは難しいものです。以下に示す例は、面接を進める上での一つのガイドラインとして活用してください。

（1）20分間の流れの例

面接開始

面接の中で行う内容	ポイント
・あいさつ、自己紹介 ・場面設定	・相談者にとって話しやすい雰囲気を作る。 ・面接の間、終始関係構築・維持を意識する。
・相談者に「相談したいこと」を話してもらう ⇒要約し、確認。	・相談者がここで「何を相談したいのか」確認、共有することで面接の方向性がズレないようにする。
・相談者の話をさらに傾聴しながら相談者や問題の理解を深める。 ⇒相談者視点の問題の整理・把握 ⇒キャリアコンサルタント視点の問題の整理・把握	・まずは相談者の枠組みで話を聞いていき主訴の明確化を図る。 ・同時に相談者の気が付いていない問題の見立てとその裏付けのための確認を行う。
・ここまでで把握した問題を整理・要約して相談者と合意・共有する。	・必ず合意を得る。必要があれば修正して、相談者とズレがないようにする。
・上記の問題に対して相談者にとって適切な目標を設定・共有する。	・目標は相談者の状況等を考慮したうえで具体的に実現できそうなもの、かつ、相談者にとって納得感があるものを設定する。
・目標達成のために行う具体的な方策を選定し、相談者と合意・共有する。 ・実行へのコミットメントを得る。	・目標達成のために効果的、かつ相談者にとって実行可能な方策を選定する。 ・何のために、何をするのか相談者の理解、納得が得られるように説明する。

終了

・本日の相談の振返り。 ・次回実施することの予告。など。	・振返りを行い、本日の内容を確認・共有することで、歩調を揃えて次回の面接に臨めるようにする。

ちなみに、上記の流れを20分の中で全て完結しなければならないという訳ではありません。焦って進めようとして進行はしたけれど、相談者が付いてきていない、ということのないように気を付けましょう。面接の流れにもよりますが、進行の目安としては、「問題共有」・「目標設定」のあたりまでは面接の20分以内に、後の「方策」などについては、口頭試問でフォローできるくらいのところまでは進んでおけるとよいでしょう。

（2）面接試験の流れ（概要）

また、個々のステップをもう少し具体的に示すと次のようになります。

①　場面設定（守秘義務と持ち時間の説明は済んでいるものとする）

・自己紹介「こんにちは。本日担当いたします、キャリアコンサルタントの○○です。よろしくお願いいたします」

・椅子の位置の調整、持ち時間の確認など（時計を見ながら、動かして相談者と一緒に見える位置に置くなどの配慮もラポールに関係する）

②　「相談したいこと」を確認

・「相談したいこと」を話してもらう。

「今日のご相談内容をお聞かせいただけますでしょうか」などの促しにより、相談者から「相談したいこと」が語られる⇒相談者の枠組みで理解する。

③　１回目の要約 ⇒ 確認 ⇒ 相談者と合意・共有

・最初の１回目の要約⇒相談者に確認⇒誤解や理解不足などで理解が不完全な場合は再要約を行い、合意・共有する。
内容を忘れてしまった、記憶があやふやなので確認したいなど場合は相談者に聴き返しても OK。わからないのに、そのままに進めることのないようにする（主訴が長い等、少し事実確認のための質問をする場合もあり）。

④　主訴の明確化

・（クライエント自身が主訴を明確に把握していない場合もあるので）「もう少し詳しくお話しくださいますか？」、「何か　エピソードなどありましたら、教えてくださいませんか？」、「～というのは具体的にどのようなことでしょうか？」などと相談者の話を掘り下げ、主訴の明確化を図る。

⑤　主訴の明確化を図る中で、見立てを頭の中で作っていく

・キャリアコンサルタント視点での問題把握の例
「○○さんは、そのようにご自身では感じておられるのですね」（思い込み。周囲の受け止め方を確認しているか）
「何がはっきりわかれば、考えやすいでしょうか？」（情報不足。客観的なデータに基づいているか）
「特にどんなところが一番気になりますか？」（明確化）

⑥　２回目の要約 ⇒ 課題の整理 ⇒ 相談者と合意・共有

・主訴の明確化（１回目の要約とは違う。つまり、変化している）⇒論点が絞られる。
「これまでのお話しをまとめると、○○や○○…ということから、今後どのようにしていこうかと思っているところが問題なのですね」⇒必ず同意を得る、得られなければ修正して、再度言い直して合意を得る。

・抜け漏れや追加事項がないかを確認。

「何か、他に気になることはありませんか」、「何か言い漏らされたことなどありませんか」(共有したことの念押し、漏れ防止)

⑦　方向性の検討 ⇒ 確認 ⇒ 合意・共有

・不満や不安を少しでも軽減し、問題解決のために何が必要なのか、情報の整理を行う。

・そして、「そのための具体的な方法(方策)を考えるということでよろしいでしょうか」(合意・共有)

・「では、時間も残り少なくなってきましたので、この方向でお話を進めてもよろしいですね」

⑧　目標設定(現在、具体的にできるところまで)⇒ 確認 ⇒ 合意・共有

・「(その問題を解決するための)最初の第一歩として、まずは○○を目標として考えていくことでよろしいでしょうか」

⑨　方策の検討

・「○○のために、○○をやりたいと思いますがいかがでしょうか」⇒合意

・「次に○○をしてみたいと思うのですがいかがでしょうか」⇒合意(2〜4つ程度これを行う)

・「他に考えられることはありませんか?」(サポート資源を探す)

⑩　振り返り

・「本日は、○○、○○…というお話を聞かせていただきました」(本日の振り返り)

・「次回は、○○についてお話を進めていきたいと思います。それまでに…」(次回の予告と宿題の提案)

・「今回お話しされてみていかがでしたか?」(相談者の感想)

以上、面接の大まかな流れを見ていただきました。試験のイメージはつかめたでしょうか？　次は逐語記録を見ながら、さらに具体的なイメージをつかんでいきましょう。

8　逐語解説（事例 1）

ここまで面接試験の概要について見てきました。何をしていけばよいか、ある程度つかめたかと思います。次は、逐語記録で面接試験の流れを具体的に見てみましょう。ここでは、第 2 章で示した 5 つのケースのうち、宮田 亮さんのケースをご覧ください。

●相談者：宮田 亮 48 歳　家族：妻（50 歳 看護師）
四年制大学（法学部）卒業後、新卒で食品製造販売会社に入社し、勤続 26 年目。現在は 営業部門の課長。
相談したいこと：営業として 26 年間頑張って働き続けており、実績を出してきたと考えている。次は部長に昇進と考えていたところ、急に異動の話になり、物流部門に課長職として異動することになった。これをどう受け止めればよいかわからない。今後のことも含めて相談したい。

この宮田さんのケースについて「不適切な展開の例」と「適切に展開した例」の 2 つを順番にご紹介いたします。それぞれを見ながら、違いを感じてみてください。双方を比較しながら、適切に展開するとき、しないとき、それぞれ「何」が「どう」違うのか、そして、その違いは「どこから」もたらされたのか、といった点に注意して見てください。

また、各逐語記録の後に、ポイントの解説も記載してあります。あわせてご覧ください。

（1）パターン１：不適切な展開の例

CL：相談者、CC キャリアコンサルタント

CC	1	どうもこんにちは。
CL	1	こんにちは。よろしくお願いします。
CC	2	よろしくお願いいたします。
CL	2	宮田と申します。
CC	3	宮田さんですね。キャリアコンサルタントの○○と言います。
CL	3	よろしくお願いいたします。
CC	4	はい。今日はどういう風なご相談で来られましたか？
CL	4	はい。私あの…食品会社で働いていまして。
CC	5	はい。
CL	5	で…26 年ほど経つんですけどね。ようやく課長になって
CC	6	はい。
CL	6	営業でずっとやってきたんですけど
CC	7	うん。
CL	7	先日、なんか、あの…異動でね
CC	8	はい。
CL	8	物流の部門に異動してくれないかって言われて
CC	9	はぁ、そうなんですね。
CL	9	もう、もう、今さら、な、なんで物流なんだろうって、ちょっと戸惑っているというか
CC	10	はい、はい。
CL	10	どうしていいかわからないなぁ、って感じなんです。
CC	11	そうなんですね。
CL	11	はい。
CC	12	そっか…もう、26 年間

CL	12	はい。
CC	13	営業で頑張ってきたのに
CL	13	ええ、ええ。
CC	14	突然、物流部門に
CL	14	はい
CC	15	課長として異動、って言われて
CL	15	はい。
CC	16	戸惑っていらっしゃるんですね。
CL	16	そうなんですよ。
CC	17	そっか。それを言われた時ってどんなお気持ちだったんですか？
CL	17	いや、せっかくね…
CC	18	うん。
CL	18	今まで頑張ってね、営業でね。
CC	19	はい。
CL	19	これからもずっと、もう営業畑で僕は行くもんだと思ってたんで
CC	20	はい。
CL	20	頑張っていたんですけど
CC	21	はぁ。そうなんですね。
CL	21	はい。何で今さら？みたいな。
CC	22	うーん。あ…「何で今さら？」っていう風に思われたんですね。
CL	22	はい。
CC	23	そうか。もう、じゃあ、もう宮田さんの中では、その26年間営業で来たから、今後もずっとそのまま行くっていう風に思っていらっしゃったんですね？
CL	23	そうなんですよ。

CC	24	そっか。それを急にこう、今さら言われたっていうので、
CL	24	ええ。
CC	25	どうなんでしょうね？　こう、気持ち的にはもう…なんか裏切られた、そんな感じなんですかね？
CL	25	うーーん。なんかね…そのね、意図っていうかね…なんでそんな全然違うところに行けって
CC	26	うん、うん、うん。
CL	26	不思議っていうか…全然わからなくて
CC	27	そうなんですね。
CL	27	はい。結構、あの…なんていうんですかね…その、成績もね
CC	28	うん、うん、うん。
CL	28	残してきたつもりなんです、自分の中では。
CC	29	そうなんですね。
CL	29	はい。
CC	30	うーん。
CL	30	なんで…なんで物流なのかな？っていう…
CC	31	うーん。確かにそうですよね。
CL	31	はい。
CC	32	じゃあ、その物流？に、もう、これだけね、営業成績を残してきて
CL	32	はい。
CC	33	頑張ってきた。そういう風な宮田さん自身を
CL	33	はい。
CC	34	どうしてこう…今さら物流なんかに送るのか？そこの意図がわからないっていう風なお気持ちなんですね？
CL	34	そうですねぇ。はい。せっかく今までね、一生懸命やってきたのに。

CC	35	そうですよね…
CL	35	はい。
CC	36	うーん。今までどういう風に頑張ってこられたんですか？
CL	36	もうそれはねぇ…最初入った時なんかもう全く右も左もわからなくて
CC	37	はい。
CL	37	もう、営業で必死にね
CC	38	うん、うん。
CL	38	名刺を配るとこから始まって
CC	39	あぁ、そうなんですね。
CL	39	はい。もう…飛び込みから何から全部ね、経験させてもらって。
CC	40	はい。
CL	40	結構、成績はね、残してきたつもりなんです、自分の中ではね。
CC	41	そうなんですね。そっか。じゃあ、その飛び込みとか
CL	41	ええ。
CC	42	イチから全部やってきて
CL	42	はい。
CC	43	実績を残してきたつもり
CL	43	はい。
CC	44	そういうところなんですね？
CL	44	そうなんです。
CC	45	実際、その実績っていうのも評価もされていたんですか？
CL	45	そうですね。ある程度評価されてたので、たぶん課長にもね
CC	46	うん、うん、うん。
CL	46	させていただいたんだと思うんです。

CC	47	あ、そうなんですね。
CL	47	はい。
CC	48	認められていたから課長に…
CL	48	はい。
CC	49	してもらった。
CL	49	はい。
CC	50	うん。その、課長になったのはいつごろなんですか？
CL	50	えーとねぇ…3，4年前ですかね。
CC	51	あ、そうなんですね。
CL	51	はい、はい。
CC	52	その3、4年前課長になった時はどんなお気持ちだったんですか？
CL	52	いやぁ…やっぱり嬉しかったですねぇ。
CC	53	あぁ、そうなんですね。
CL	53	まぁ、ようやく、ちょっと遅いほうだったので
CC	54	うん、うん、うん。
CL	54	これからね、どんどんいけるなぁ、っていう気持ちで、さらに頑張ろうと思っていたんです。
CC	55	あ、そうなんですね。
CL	55	はい。はい。
CC	56	そうか。そういうところでね…急に、っていうのはすごいショックですよねぇ。
CL	56	そうですねぇ。
CC	57	うーん。じゃあその3、4年前に課長になってから、どんどんやっていこうと思って、その期間っていうのはどうなんでしょうかねぇ、業績というか？
CL	57	はい。

CC	58	実績みたいなものを残したり、評価されたりしたんですか？
CL	58	まぁ、そうですね。一応自分の中では…もう、どんどん、あの、実績残していくっていう、目標に…掲げていましたので
CC	59	はい。
CL	59	それは、もう年々クリアはしていたんで。
CC	60	あぁ、すごいですね。
CL	60	はい。頑張ってきたんですよ。
CC	61	あぁ。すばらしいですね。
CL	61	はい。
CC	62	どういう風な成績を残されたんですか？
CL	62	もうねぇ、月間のその販売…販売個数とかね
CC	63	はい
CL	63	食品会社なんで、こう、一応、あの…得意先ってのはある程度決まってしまうんですけど、その新規開拓とかね、っていうのも含めて…えぇ、月間何件とか、目標に掲げて、それはもう常にクリアしていくように、っていうのはやってきたんです、つもりなんです。
CC	64	すごい！じゃあそういう風な目標っていうのを掲げて
CL	64	ええ。
CC	65	それをしっかりと達成していっていた
CL	65	はい。
CC	66	そういうところなんですね？
CL	66	そうですね。
CC	67	本当に頑張ってらっしゃったんですね。
CL	67	そうなんですよ。

CC	68	そうかぁ。じゃあ、その頑張りっていうのは、やっぱり、周りの人からとか上の人からも、評価っていうのは受けてらっしゃったんですか？
CL	68	うーん。僕自身はそう思ってたんですけどね。
CC	69	うん。
CL	69	はい。
CC	70	そうなんですね。
CL	70	はい。
CC	71	そっかぁ。じゃあ、その頑張っていた
CL	71	ええ。
CC	72	まぁ、けれども、こういう風な異動っていうところの意図がわからない、ってことなんですけど
CL	72	ええ、ええ。
CC	73	その物流部門に移ったら、どんなお仕事するとかもわかってらっしゃるんですか？
CL	73	うーん。なんかね…
CC	74	うん。
CL	74	その、食品の製造なんで
CC	75	はい。
CL	75	まぁ、一応、我々が営業で取ってきた仕事を工場が作って
CC	76	うん。
CL	76	で、倉庫で保管して、それを発送していく、っていう…その物流の部門なので
CC	77	はい。
CL	77	まぁ、製造のとこから倉庫保管して配達、っていうところまでを担うとこなんですけどね。
CC	78	うん、うん。
CL	78	ただ、それと営業とね

CC	79	はい。
CL	79	なんか全然全く違うところなんで
CC	80	うん、うん、うん。
CL	80	どう、どう…していいのかがもう全然わからなくて。
CC	81	あぁ、そうなんですね。
CL	81	はい、はい。
CC	82	うーん。全く違うから
CL	82	はい。
CC	83	何でそこに自分が異動になったのかわからない。
CL	83	そうですね。
CC	84	うーん。
CL	84	せっかく今まで営業で、さぁこれからっていう時かなって思ってたので、特に。はい。
CC	85	そうですよね。それっていうのは…何ていうんでしょう？周りの人とか上司とかに、何でそちらに、ってのは聞いたんですか？
CL	85	うーん。あのぅ…聞ける人、っていうか、その、よく話せる人には、チラッと聞いたことはあるんですけど…
CC	86	うん。
CL	86	「何でだろうね」みたいな
CC	87	あぁ…。
CL	87	あんまり…なんか、よくわからない感じの…はい。
CC	88	じゃ、そこ…その人に聞いても
CL	88	ええ。
CC	89	あんまりわからなかったんですね。
CL	89	そうですねぇ。
CC	90	その人は上司とかなんですか？

CL	90	そうですね。あの…上司は上司なんですけど、そんなに離れた上司ではなくて。はい。結構よく話せる感じの。はい。
CC	91	あ、なんか歳が近い上司？
CL	91	そうですね。はい。
CC	92	うん、うん。その人はあんまりわかってなかったんですね？
CL	92	そうですね。
CC	93	なんか、その…今回のね…
CL	93	はい。
CC	94	それこそ、今回の異動の意図を知ってそうな上司っていうのはいるんですか？
CL	94	まぁ、多分、だいぶ上のほうにならないと、どうかな、っていう感じかなぁ。はい。
CC	95	じゃあ、そこっていうのは、何かこう…聞きにくいな、みたいなのがあるんですかね？
CL	95	そうですね。あんまり、こう…フレンドリーに話せるような
CC	96	うーん。
CL	96	タイプの上司ではないかな、っていう感じですね。あんまり普段会うことのそんなにない感じの…
CC	97	あっ。
CL	97	はい。ぐらいの感じまでいかないとわかんないのかなー、っていう気はしますけども
CC	98	あぁ、そうか…じゃぁ、そんな上のほうの人が今回の
CL	98	はい。
CC	99	異動っていうのを決めていっている訳なんですね？
CL	99	…と思うんですけどね。はい。
CC	100	じゃあ、そこの人の意図がちょっとわからないっていうところ？

CL	100	そう。そうですね。自分がね…あの、今までこう…営業で
CC	101	うん、うん、うん。
CL	101	やっていくっていうつもりでずっとやってきたので
CC	102	そうですよね。
CL	102	そこがなんかちょっと違う感じになっちゃったので、どうしていいかわからない、みたいなところが。はい。
CC	103	あ。そっか。今まで営業でやってきて
CL	103	はい。
CC	104	今後も営業でいくぞ、って
CL	104	はい。
CC	105	思っていたからこそ、ちょっと急にわからない、ってところがあるんですね。
CL	105	はい。
CC	106	そこの納得感みたいなのがあるとなんか変わりそうなんですかね？
CL	106	うーん。まぁ…そう…ですね。納得感…っていうんでしょうかねぇ。はい…。
CC	107	そっかぁ。じゃあ、納得できないままだと、どうなっていきそうなんですか？
CL	107	うーん…いやぁ。どうなるんだろう、っていう不安がね。
CC	108	うん、うん、うん。
CL	108	はい。今までやってきたことが、全部、なんか無駄になるような気がして。
CC	109	うん、うん、うん。
CL	109	はい、はい。
CC	110	そっかぁ。納得感とかはちょっとわからないんだけど、どうなるか、っていう不安もあるんだけど
CL	110	ええ。

CC	111	うん。なんか、今後
CL	111	はい。
CC	112	その…やってきたことが無駄になるってのが、なんか、気になるんですかね？
CL	112	うーん。そうですね。せっかくここまでやってきたのに…みたいなのはありますよね。
CC	113	そうなんですね。やってきたことをもし活かすとしたら、どんなお仕事があるんですかね？営業しかない？
CL	113	そう…まぁ、営業しかやったことないので。
CC	114	うん。
CL	114	はい。そうですねぇ…活かせるというか、まぁ、どう活かしていいかもわからないですし。
CC	115	うん、うん、うん。
CL	115	営業しかやったことないんで。はい。
CC	116	そうなんですよね。
CL	116	はい。
CC	117	すると、じゃあ、なんか今回ね
CL	117	はい。
CC	118	異動、ってお話しなんですけど
CL	118	はい。
CC	119	その異動っていうのは珍しいんですかね、その会社の中では？
CL	119	全然違うところにっていうのは。えーっと珍しい訳ではないんですけど、
CC	120	うん。
CL	120	うん…数年に１回とかは何かやられてるみたいなんですけど。僕は初めてなので…
CC	121	あ、そうなんですね。

CL	121	はい。そうなんです。
CC	122	じゃあ、逆に、ずっと異動しない人っていうのは結構いらっしゃるんですか？
CL	122	えっとねぇ…中にはいるんですよ。
CC	123	うん。
CL	123	はい。その同じ部署でずっと
CC	124	はい。
CL	124	経理なら経理畑みたいな
CC	125	あぁ。はいはい。
CL	125	方はおられるので
CC	126	うん、うん。
CL	126	僕もそのタイプかな、って思ってて。
CC	127	あぁ…そうなんですね。
CL	127	そうなんですよ。
CC	128	じゃあ、もうずっと動かないタイプ、っていう人もいて
CL	128	はい、はい。
CC	129	そんな感じなのかな？と思っていたら違った、っていうことですよね？
CL	129	そうですね。
CC	130	そこの違いって何なんでしょうね？
CL	130	わかんないですねぇ。
CC	131	あぁ。それはわかんないんですね。
CL	131	はい。
CC	132	うん。
CL	132	こう…だからこそというか、まぁ、営業でね、誰にも負けないように、って思って。
CC	133	はい。

CL	133	頑張ってきたつもりなんですけど。
CC	134	あぁ、そっかぁ。
CL	134	はい。
CC	135	実際、誰にも負けてないんですか？
CL	135	そうなんですよ。そのつもりではいたんですけどね。
CC	136	あぁ、すごいですね！
CL	136	目標も達成していましたし。
CC	137	うん、うん。
CL	137	はい。
CC	138	なのになぜ？っていうとこなんですね。
CL	138	そうですね。
CC	139	そっかぁ。その…ね…会社の中…ま、経理とかに全然変わらない人がいる、って仰ったじゃないですか？
CL	139	はい。
CC	140	そういう人っていうのはどうでしょう？　どんどん、その…出世していく人みたいな感じなんですか？
CL	140	そうですね。割とその…経理畑である人は、経理畑でずっと行って…あの、部長とかになってますし
CC	141	うん、うん、うん。
CL	141	なんで、私もその営業のほうでね、ずっと行って
CC	142	はい。
CL	142	そのまま行けるのかな、っていう風に思ってたので
CC	143	うん、うん、うん。
CL	143	はい。物流って言われて
CC	144	はい。
CL	144	ちょっと…な、なんで物流？っていう
CC	145	うん、うん、うん。

CL	145	はい。
CC	146	思いますよね？
CL	146	はい。
CC	147	そっかぁ。じゃあ、その…ずっと同じ部署で、異動もせずに上がっていって
CL	147	はい。
CC	148	部長になる人もいるから。
CL	148	ええ、ええ、ええ。
CC	149	それは、何でしょう？　それって出世コースみたいな、そんな感じなんですかね？
CL	149	っていうんですかねぇ？　こう…うーん。同じような職種でずっとね、まぁエキスパートというか
CC	150	うん。
CL	150	その…えぇ、私だったら営業畑でずっと、こう…行けるものだと思っていたので。
CC	151	うん。
CL	151	はい。
CC	152	なんか、あんまり色んなものを経験して上がっていく人、っていうのは少ないんですかね？珍しいというか。
CL	152	うーん。いなく…いなくもない…と思いますけど…
CC	153	おぉ。
CL	153	はい。
CC	154	そうなんですね。はい、はい。
CL	154	いなくもないと思いますけど、私はそのタイプじゃないんじゃないか、っていうような気がしていて
CC	155	うん、うん、うん。
CL	155	もう…ずっとこのまま営業でね行くつもりで私自身がいたので

CC	156	あぁ…そうですよね。
CL	156	はい。26年間ね。そう、ずっと…
CC	157	ずっと…
CL	157	そう、そうなんです。はい。それ…それまでは全然そんな異動なんて話、全くなかったので。
CC	158	うん。
CL	158	はい。
CC	159	じゃあ、異動っていうの言われた時は、
CL	159	はい。
CC	160	本当に驚いたみたいな感じ？
CL	160	そうですね。えぇ!?って思いましたね。
CC	161	思いますよね。
CL	161	はい。
CC	162	うん、うん、うん、うん、うん。
CL	162	どうして…物流なの？っていう。
CC	163	ねぇ。
CL	163	はい。
CC	164	なんで物流なのか？
CL	164	はい。
CC	165	しかも、それ答えてくれる人もいないんですよね。
CL	165	そうなんですよねぇ。
CC	166	うん。
CL	166	はい。
CC	167	じゃあ、そこのところで…本当にね
CL	167	はい。
CC	168	どうして行くのかというか
CL	168	ええ。そうなんですよ。

CC	169	難しいですよね。
CL	169	そうなんですよね。どうしていいかわからなくて。で、ちょっと相談しようかな、と思って来させてもらったんです。
CC	170	うん。
CL	170	はい。
CC	171	そうですよね。うん。じゃぁ、今後、意図がわからないとか
CL	171	ええ、ええ、ええ。
CC	172	なんかこの何期待されるかわからない、ってことなんですけど。
CL	172	はい。
CC	173	もし…そのね、立場違って、異動とかをさせる、まぁ、それを決める立場だったとしたら、宮田さんがね。そういう今までずーっとある一つの経験を積んできた人を違うところで移すっていうのは何かありそうなんですかね？
CL	173	なんだろうなぁ…まぁ、年数によりますよね。多分、なんか、僕がもし経営者とかだったら
CC	174	はい。
CL	174	もうちょっと早い段階でいろいろ経験させてあげるかな、っていう
CC	175	うん、うん。
CL	175	気がするかなあ。
CC	176	うーん。
CL	176	はい。
CC	177	早い段階っていうと、いくつぐらいで？
CL	177	もう…数年数年単位ぐらいでこう
CC	178	あ。

CL	178	ある程度経験させながら、っていう感じかなー…っていう気はするんですけどね。
CC	179	うーん。そうなんですね。
CL	179	はい。
CC	180	そういう人っていうのは結構いるんですか？
CL	180	えっとねぇ…。はい。私と同期で入った子はね、あの…異動したりしてましたので。
CC	181	はい。
CL	181	あの…場所がね…転勤というか、場所も異動したりしてましたので。
CC	182	うん、うん、うん。
CL	182	でも、私は26年ずっと、もう営業でずーっと来てましたので、もうはい…それはないかなって。
CC	183	そうなんですね。営業で来て、営業の場所も変わらずなんですか？
CL	183	場所も変わらずで。
CC	184	あぁ、すごいですね。
CL	184	そうなんですよ。
CC	185	じゃあ26年もう一か所、その場所で。
CL	185	そうなんです。そうなんです。
CC	186	あぁ。
CL	186	なんでね、もうそのままいくもんだと
CC	187	うん。
CL	187	てっきり、というか、てっきり思っていて
CC	188	はい。
CL	188	安心…感もあるでしょうし。
CC	189	はい。お客さんもわかるでしょうしね。
CL	189	はい。そうなんです。

CC	190	うーん。うーん。だからこそ今回なんでだろう、っていう風にね。
CL	190	そうなんですよ。
CC	191	思いますよね。じゃあ、それをまぁ、どう考えればいいのか？
CL	191	そうですねぇ…どうしたらいいのかなぁ？
CC	192	どうしたらいいのか、っていうのは、何か思いつく行動みたいなのがあるんですか？
CL	192	いやぁ…ねぇ…営業しかやったことないもんで
CC	193	うん、うん。
CL	193	その思いつかない、っていうか…この営業しか、まぁ…先も営業しか見てなかったので。
CC	194	うん、うん。
CL	194	こうやっていこう、っていうのは、もう、営業職で、っていうのしかなかったので。
CC	195	はい。
CL	195	全然…もう無し…無し…ゼロです。
CC	196	うん、うん、うん。
CL	196	はい。
CC	197	もう、ずっとそれでやっていこうと思ったので。
CL	197	そうなんですよ。もう今回のことで
CC	198	はい。
CL	198	もう、ノープラン。真っ白。
CC	199	真っ白。
CL	199	真っ白、みたいな。
CC	200	あぁ。はい。はい。はい。
CL	200	どうしたらいいんだろうって
CC	201	うん、うん。

CL	201	はい。
CC	202	もう、そこがわからなくなってる、っていうところなんですね。
CL	202	そうなんですよ。
CC	203	そっかぁ。じゃあ、その真っ白なところで
CL	203	はい。
CC	204	それは…なんかこう…新しいプランみたいなのを見付けられたらいいんですかね？
CL	204	うん。まぁ…見付けられたら、まぁ見付かるんであればねぇ…見付けたらいいんでしょうけど
CC	205	うん。
CL	205	全然…私の中では、全くそれが思い浮かばないっていうか…
CC	206	うん。
CL	206	もう、ハナからなかったんで。
CC	207	うん…そうですよね。
CL	207	はい、はい。
CC	208	そうですよね。じゃあハナからないところ
CL	208	はい。
CC	209	に行ったとして…そうですね。まあ…まぁね、どうしていくか、っていうところなんですけれども
CL	209	はい。
CC	210	今後、その…まぁ、新しい、それこそね、もう無になったからこそ新しく、今後の方向性を考えていく、ってのでもいいでしょうし、そうではなく、なんか、今後、それこそ、もうここの会社では、もうなくなったんで、転職する、みたいな感じに考えるのも、一つの方法かもしれないんですけれども、何かこう…こういうふうに考えてます、ってことってありますか？

CL	210	いや今はうーんまだわからないですねぇ。
CC	211	うん。
CL	211	どうしていいのか…わかんないですね。
CC	212	じゃあ、そのわからない、って不安があると思うんですけど
CL	212	ええ、ええ、ええ。
CC	213	何かいつまでに決めたい、とかはありますか？
CL	213	あぁ…まぁ、できれば早いほうがいいんですけど。
CC	214	うん、うん、うん。
CL	214	はい。
CC	215	じゃあ、できれば早いほうがいい。
CL	215	はい。
CC	216	で、その…どうでしょうね…今の営業の中で残るっていうのは、可能性としてはありそうですか ？
CL	216	どうなんですかね…会社に…一応聞いて…みないとわからないんですけど…
CC	217	うん、うん。
CL	217	まぁ、でも…一応、半…半辞令みたいな感じで
CC	218	あ、半辞令なんですね。
CL	218	はい。正式辞令ではないんですけど、もう…
CC	219	ああ、そういう。
CL	219	もう口頭で「辞令だよ」みたいな感じでは言われているので
CC	220	それもし断ったとしたらどうなりそうなんですかね？
CL	220	どう…断れるのかどうかもわかんないんですけど…
CC	221	あぁ…じゃあ、まず断れそうかどうか確認して
CL	221	はい。

CC	222	で、「断ってもいいよ」って言われたら、断りたいんですかね？
CL	222	まぁ、できたら営業でやれ…やれれば
CC	223	そうですよね。
CL	223	やりたいかなぁ、っていう感じかなぁ、ってところですね。
CC	224	そうですよね。じゃあ、その…こう…辞令を言ってきた人は、その上司みたいな感じですか？
CL	224	そうですね。はい。
CC	225	じゃあ、上司の方に断れるかどうかを聞いてみて、で断れそう、まあ、断ってもね、何もないんだったら、断れそうなら、断る。
CL	225	うん。
CC	226	うん。断れなさそうだったら引き受ける、みたいな感じになりそうなんですかね？
CL	226	まぁ、引き受けざるを得ないのかなぁ…っていう…思うんですけど、
CC	227	うん、うん、うん。じゃあ、まずそこを…ちょっとね、整理して考えてみる、聞いてみる、っていうのはできそうでしょうか？
CL	227	まぁまぁ、聞くのは、まぁ、いけますけど…
CC	228	うん、うん、うん。
CL	228	そこまで整理ができるかどうか？が…はい。
CC	229	まぁねぇ、もし…こう…別に残留？
CL	229	はい。
CC	230	今の営業のままでいいよ。
CL	230	ええ。
CC	231	その中で頑張ってください、って言われたら、今の悩みは消えそうですか？

CL	231	そうですね。「今のところで頑張って」って言われたら、「頑張ります」って言う
CC	232	あ、いいですね。
CL	232	と思うのですけどね。
CC	233	じゃあ、ちょっとそれを聞いてみて
CL	233	はい。
CC	234	もし「駄目だよ」と、「異動して」って言われたら、その後はどうしていきたいとかあります？　今の気持ちをどうされたいとか…
CL	234	うーん。そうですねぇ。どうだろうなぁ…どうしても異動しないといけない、ってなったら、まぁ…異動せざるを得ないのでしょうけど
CC	235	うん。
CL	235	またイチから、なんかねぇ…やっていくっていうのも…なんかすごくモヤモヤしながら
CC	236	うん。
CL	236	いかないといけないのかなぁ、っていう…
CC	237	うん。
CL	237	不安と。
CC	238	あぁ、不安。なるほど。
CL	238	いやぁな気持ちっていうのかなぁ…なんかなぁ、その辺が残っちゃうかなぁ。
CC	239	不安と嫌な気持ちが残るんですね。
CL	239	うーん。
CC	240	じゃあ、その不安と嫌な気持ちっていうのを解消していきたい、って感じなんですかね？
CL	240	まぁまぁ。解消できるんなら、
CC	241	うん、うん、うん。

CL	241	どうせ異動しないといけないってなったらですけどね。はい。
CC	242	そうですね。

≪20分終了≫

この例はキャリアコンサルタントが途中から「具体的展開」を焦ってしまい、相談者が付いてこられなくなっている、というものです。

面接の冒頭から、キャリアコンサルタントは相談者の気持ちや状況をじっくり聞こうと関わっています。ところが、終盤、残り３分くらいになったところ（CC203あたり）で、時間がないことに気付き、そこから相談のペースが急変します。

キャリアコンサルタントが「具体的展開力」を意識するあまり、「何とか展開させないと」と焦ってしまい、どんどん質問をしたりした結果、相談者が置き去りになってしまっています。また、「具体的展開」を焦るあまり、これまで積み重ねてきた「関係構築」、「基本的態度」の点数まで引き下げてしまいかねない、もったいない展開です。これは実際のロールプレイでもよく見られる傾向です。

この例から学べることは、一つは「タイムマネジメントが大事」ということですが、さらに大事なことは、そもそも「相談者を尊重する」というキャリアコンサルティングの基本を順守することです。もしも、なかなか「具体的展開」まで進まないまま時間が残り少なくなってきたとしても、キャリアコンサルタントの都合ではなく、あくまで相談者を尊重しながら進めることがキャリアコンサルタントの姿勢としては大切です。

（２）パターン２：適切に展開した例

次は、適切に展開した例です。先ほどと同じように、相談者の気持ちをじっくり聞きながら、話を進めています。先の例との違いは、残り時間が少なくなっても、展開を焦らずに引き続き相談者と向き合い続けているところです。また、それぞれの場面でのポイントも解説していますので、併せてご覧ください。

CL：相談者、CC キャリアコンサルタント

CC	1	はじめまして。キャリアコンサルタントの○○と申します。 解説1
CL	1	宮田と申します。よろしくお願いします。
CC	2	宮田さん。よろしくお願いいたします。 えー、それではですね…今から相談を始めていきたいと思います。だいたい、ちょっと（時計を）見ていただいてわかる通りですね、37分ぐらいまでちょっとお話しを聞いていきたいと思います。
CL	2	はい。よろしくお願いいたします。
CC	3	よろしくお願いいたします。 今日はどういう風なご相談で来られましたか？ 解説2
CL	3	はい。あの、私、今営業でね
CC	4	はい。
CL	4	ずっとあの食品会社でやっていまして
CC	5	はい。
CL	5	で、先日…先日というかちょっと異動っていう風に言われて
CC	6	はい。
CL	6	これまで26年営業でずっとやってきたのにね
CC	7	そうなんですね。
CL	7	そうなんですよ。で、物流の部門に今度異動っていうこと言われて…
CC	8	うん、うん。はい。
CL	8	どうしていいのかちょっとわからなくて…

CC	9	うん、うん、うん。どうしていいのかわからなくって今日来られたんですね。
CL	9	はい。
CC	10	そうか。ちょっと確認させていただきますと　解説３
CL	10	はい。
CC	11	食品の会社でずっと26年間働かれていて
CL	11	はい。
CC	12	その26年間ずっと営業なさっているんですね。
CL	12	そうなんです。
CC	13	そうなんですね。 で、そういう風にして、課長にまでなられている。
CL	13	そうなんです。
CC	14	うん。なのにちょっと
CL	14	はい。
CC	15	今回、急にこう物流部門に移ってくれって言われて、どうしたもんかな？っていう風に思っていらっしゃる。
CL	15	そうなんですよ。
CC	16	そういうことでよろしいでしょうか？
CL	16	はい。
CC	17	そっか…わかりました。じゃあ今から37分ぐらいまで　解説４
CL	17	はい。
CC	18	相談するんですけど、それぐらいのころには何か…、どういう風な気持ちになっていたいというか、そういうのは何かありますでしょうか？
CL	18	ううん。まぁ…今後どうしていいのかっていうのが
CC	19	うん、うん、うん。
CL	19	自分の中で

CC	20	うん、うん、うん。
CL	20	「ああ、こうしていこう！」みたいなのが、はっきり見えたらいいかなって風に思います。
CC	21	あ、自分の中でこういう風にしていこうかなっていうのが見えるようになっておきたい。
CL	21	そうですね。
CC	22	それが目標ですね。
CL	22	はい。
CC	23	わかりました。 じゃあ、ちょっとそういう風になるようにお話しを進めさせていただきたいと思います。
CL	23	お願いします。
CC	24	はい。じゃあですね…まあその 26 年間ずっと頑張ってきて 解説 5
CL	24	はい。
CC	25	今回異動ってお話だったんですけど、それを聞いた時はどんなお気持ちだったんでしょうか？
CL	25	いやぁ、もうねぇ…どうして、どうしてなのかなーっていう
CC	26	うーん。
CL	26	ていうのがね…その…
CC	27	はい。
CL	27	今までね、26 年ずっとただただやってきたんじゃなくて
CC	28	うん。
CL	28	ある程度やっぱり成績はね、残してきたつもりでしたし
CC	29	うん、うん。
CL	29	このまま私、営業のね…営業職でずっとこう行くもんだと
CC	30	うーん。

CL	30	思っていましたので…
CC	31	ああ。そうなんですね。
CL	31	はい。 他に勉強というか、まあ、営業のことばっかり頭にあって
CC	32	うん。
CL	32	ずっと今までやってきたので
CC	33	はい。
CL	33	今さら物流って言われても…
CC	34	うん、うん。
CL	34	ちょっとどうなのかな、っていう…はい…そういう感じで…
CC	35	そうなんですね。
CL	35	はい。
CC	36	そうか。もう 26 年間営業でただやっているんじゃなく、ちゃんと実績とか
CL	36	えー、えー、えー。
CC	37	そういうのを出しながら頑張ってきて、今後も頑張ろうっていう風に思ってらっしゃったんですね。
CL	37	そうなんですよ！
CC	38	そうか。それがね、突然の物流…何で？ってところですね。
CL	38	はい。
CC	39	すると、今後はその営業として頑張ろうって仰っていたんですけど
CL	39	はい。
CC	40	具体的に、何かこう…営業としてこんな風にって思っていたんですか？
CL	40	そうですね。やっぱり…あの、今課長なんですけど、今度ね、もし上がるとするなら

CC	41	はい。
CL	41	部長
CC	42	はい。
CL	42	で、部長より上ってなっていくと、どんどんと営業の種類っていうかね
CC	43	うん、うん。
CL	43	どんどん規模も変わってきますし
CC	44	はい。
CL	44	まぁ、ただ、今までだと飛び込みでどんどん顧客を増やしていったりとかぐらいしかできなかったんですけど、やっぱり部長より上になってくると規模も全然変わってくる…その…営業のスケールが
CC	45	はい。
CL	45	変わってきます…なってきますので、そういうのも楽しみにはしていましたし…
CC	46	そうなんですね。
CL	46	はい。で、そういうところのノウハウはね…いろいろね、また学びながら
CC	47	うーん。
CL	47	やれるのかなあ、なんて思っていたので。
CC	48	…そっかぁ…。そういう風な、こう…部長になったらこんな営業するみたいな、そういうビジョンもちょっと持ってらっしゃったんですね。
CL	48	そうですね。
CC	49	そっかぁ。それがこう、急に、っていうところだったんですね。
CL	49	そうなんですよ。

CC	50	うーーん。なんか、その今ちょっとビジョンをちょっと教えてくださったんですけど、そういう風な先輩というか、そういう人達っていうのは過去にもいらっしゃったんですか？ 解説６
CL	50	そうですね。あの…営業部門でいうと、あの、１人、私に懇意にしてくれている上司がいたので。
CC	51	はい。
CL	51	今、専務でいるんですけど。
CC	52	あ、そうなんですね。
CL	52	はい。なんで、ああいう風になりたいなぁと思って。
CC	53	うん。
CL	53	はい。
CC	54	その人も営業を突き詰めて専務になっていった方なんですか？
CL	54	そうですね。あの方も確か営業でずっとやられていたと思います。
CC	55	あぁそっかぁ。その人みたいになりたいなぁっていう風に…
CL	55	そうですね。
CC	56	うーーん…そっか。そういう風に思っていたところが、今回のことはまぁそれはねすごくショックというか…
CL	56	そうなんですよ。
CC	57	何でだろう？っていうのはねありますよね。
CL	57	はい。
CC	58	そこのところで、ちょっと、さらにね
CL	58	はい。
CC	59	教えていただきたいんですけど、その物流って部門のお仕事がちょっと私イメージつかないんですけど
CL	59	はい。

CC	60	どんな感じなんでしょうか？
CL	60	うーーん。あの…我々営業が仕事を取ってきて注文いただいて、
CC	61	はい。
CL	61	それを工場が作って
CC	62	はい。
CL	62	で、その作った商品を、えー倉庫に保管してそこから配送っていう…
CC	63	はぁ。
CL	63	この倉庫から配送にかけてというのが物流部門になるので
CC	64	はい。
CL	64	そちらに、今度ね、営業からって言われても…ちょっと…ちょっと畑が全然
CC	65	うん。
CL	65	違う感じになっちゃうので…
CC	66	そうですね。
CL	66	はい。なんか、すごく困惑している感じですね。
CC	67	あぁ…そうなんですね。 どうでしょう。その、今ね、仰った物流っていうところ、営業がとってきたものをそのお客さんに最後届けるまでっていう風な…結構大切なお仕事にはなっているんですかね？
CL	67	そう…そうですね。はい。
CC	68	うんうん。じゃあ、そういうところに、まぁ、何でこう、自分が？ってところ…
CL	68	はい。
CC	69	お考えなんですね？ どうでしょう…今仰って、今まで営業として結構物流に関わることがあったんですか？　やりとりみたいな。

CL	69	ううん。まあ、そのお客さんのところに届いてないよとか、イレギュラーが発生したりとかってのは、まあ、なくはなかったですけど、そこまでそんなにやり取りというのは…
CC	70	特に密接でもなく。
CL	70	そうですね。はい。
CC	71	関わりないからこそ何で？みたいところなんですね？
CL	71	そうですね。
CC	72	そっかぁ。そういう風な…今、ちょっと教えていただいて本当にありがとうございます。
CL	72	はい。
CC	73	物流のところに、まぁ異動っていうことなんですけど、そのどうして？みたいなのは、もう聞かれたりしたんですか？異動を言って来られた方に、ですね。
CL	73	そうですね。うーん、聞いてはみたんですけど、
CC	74	うーん。
CL	74	その方も「どうしてだろうね」みたいな。
CC	75	ははは。そうなんですか。
CL	75	まぁ、その方もなんか上から言われて
CC	76	はい。
CL	76	降りてきたみたいな感じなので…
CC	77	あぁ…そうなんですね。 そのどうしたんだろうねぇって言われた時は、どんなお気持ちだったんですかね？
CL	77	いやあ…もう…ど、どうしてなんだろう？ホント、わかんないなーって感じで
CC	78	そうか。そうですよね。 そうか、何を期待しているのかもわからない訳ですね？
CL	78	そうですね…はい。

CC	79	それっていうのは、その、まあ、さらに上から降りてきたってことなんですけど、そこを確認したいなとか、そんなことは思うんですか？ 解説7
CL	79	まあ…そうですね…意図…確認というかどうしてなのか？を知りたいのはありますね。はい。
CC	80	なんか、その知りたいのはある、というようなことを仰ったんですけど、知ってもなぁ、みたいな気持ちもあるんですか？
CL	80	そうなんですよね。 いや、知っても、なんか、僕物流ってやったことないし…
CC	81	はい。
CL	81	今まで全部営業でやってきましたんで…
CC	82	そうですよね。
CL	82	はい。だからって言われても…
CC	83	うん、うん、うん。
CL	83	営業しかしたことないんでみたいなところがあるんでね
CC	84	うん、うん、うん。 なんかそういう営業しかしたことない人…だからこそ物流に行ったらみたいな、なんかそういうのってあるんですかね？
CL	84	どうなんでしょうねぇ…うーん全く違うんでね…
CC	85	はぁ。仰っていますよね。
CL	85	はい、はい…わかんないですねぇ。
CC	86	じゃあ、そういう風なね、全く違うところに、違う分野で挑戦して欲しいっていう風に言うときっていうのは、どんなときなんでしょうね？
CL	86	うーん。まあ…会社のその…何ていうのかな…全体を見るというか
CC	87	はい。
CL	87	感じになるんですかねぇ？

CC	88	あぁ…会社の全体を見て欲しいっていうときに
CL	88	はい、はい、はい。
CC	89	まぁ、そういう風に違うところに異動っていうのはあるかもしれないってところなんですね？
CL	89	うーん。そうですね。営業って、まぁ、入り…入り口のほうの担当
CC	90	はぁ。そうですよね。
CL	90	って感じなので
CC	91	うん、うん、うん。
CL	91	まあ、出ていく出口というか…
CC	92	うん。
CL	92	…というところも見たほうがいいって思っているのかも。わかんないですけど。
CC	93	うん、うん、うん。
CL	93	ただ、まぁ、全然全く逆っていうか、全く違うところなので
CC	94	そうですね。入り口と出口みたいな。
CL	94	戸惑っているところですね。　解説８
CC	95	そうなんですね。 その戸惑いっていうのはどんな戸惑いなんですかね？
CL	95	もう全く全然畑が違うので…
CC	96	はい。
CL	96	また１から
CC	97	はい。
CL	97	かなぁ、っていうのがあって。
CC	98	うん、うん。
CL	98	せっかく今まで積んできたものが…
CC	99	うん。

CL	99	なんか、なくなっちゃうっていうか…
CC	100	あぁ、はい、はい。
CL	100	気がして…
CC	101	そっかぁ…それがゼロになるっていう風に思う戸惑い？
CL	101	そうですね…そうですね。これまで描いていたビジョンが…
CC	102	うん。
CL	102	ちょっと違う感じになっちゃうんで
CC	103	うん。ビジョンがちょっとなくなるってところ？
CL	103	はい、はい。
CC	104	そういうところの戸惑いみたいな？
CL	104	そうですね。
CC	105	他にもありそうですか？その戸惑いの中には？
CL	105	うーん。なんか上手くやれるのかなぁ？っていう…
CC	106	あぁ。うまくやっていけるのかどうか、っていうところも…まぁ、そうですよね。やったことないですから。 今、そういう風な、こう、いろんな戸惑いっていうのを抱えていらっしゃる
CL	106	はい、はい。
CC	107	っていう中で、ただ今後ちょっとその方向性を見つけていきたい。 解説9
CL	107	そうですね。
CC	108	って思われているんですね？
CL	108	そうですね。はい。はい。
CC	109	どういう風にしたらその方向性がちょっと見付かるか？ ね、なんか、そこって、まぁ難しいと思うんですけど
CL	109	はい。

CC	110	何か、今までこういう戸惑いを感じたことってありますか？ やったことがないとか、こう今まで考えていたことがうまくいかないとか？ 解説10
CL	110	うーん。まぁ、今までずっと営業をやっていて
CC	111	うん。
CL	111	まぁ、上司に「こういう風にしなさい」って言われてもうまくいかなかったときとかは、やっぱり戸惑いながらも
CC	112	うん、うん、うん。
CL	112	いろいろはやってきましたけど…
CC	113	はい。
CL	113	そういうときはありますけどね。
CC	114	うん。なんかそういうときのこう、いろいろやって、それで乗り越えてこられたんですかね？
CL	114	そう…ですね。まあ…上司もいましたし…
CC	115	はい。
CL	115	聞ける…このアドバイスいただける上司もいましたし
CC	116	うん。
CL	116	まぁ、どうにかこうにか…
CC	117	はい。
CL	117	はい。いろいろと試しながらやってきた感じですかね。
CC	118	うーん。そうなんですね。 そうか。じゃあ、そういう風にちょっと戸惑いを乗り越えた経験は過去にもあるっていうことなんですけど…
CL	118	ええ…
CC	119	どうでしょう？　今回はそれとは比にならない、みたいな感じなんですかね？
CL	119	そうですねぇ。もう全く未知との遭遇っていうのか…
CC	120	ははははは。そうなんですね。

CL	120	そうですね。
CC	121	なんか同じ会社の中でも、もう全く未知っていう。
CL	121	そうですね。あんまり関わりが今まで全然なかったので
CC	122	うん、うん。
CL	122	まぁ、部署としてあるのはわかっているんですけど…
CC	123	はい。
CL	123	そんなにこう…こう、密にやっていた訳ではないので
CC	124	うん、うん、うん。あ…そっか。なんかそういう風になると、そういうところまでも全部わかっている人材になっていったらどんな風になるんでしょうかね？
CL	124	まぁ…会社としてはやっぱり…強いんじゃないですかね、それはね。はい。
CC	125	そうなんですね。そういう風に、こう、何でもわかっている人材っていうのは、今の会社の中にはいらっしゃるんですか？
CL	125	あぁ…まぁ…とっても上のほうのね、上司なんかでいうと、やっぱり会社全体を見たり
CC	126	うん。
CL	126	いろいろしていると思うので、その辺りになってくるとね…
CC	127	うんうん。
CL	127	それは、見えているんじゃないですかね。
CC	128	あぁ…そうなんですね。そうか。逆にいうとそのレベルにならないと、今は会社全体をわかるような、そんな人材は少ない訳なんですね？
CL	128	少ないんじゃないかな…と思いますけどね。結構縦割りな感じがあるので。
CC	129	あぁ…そうなんですね。
CL	129	はいはい。

CC	130	その縦割りな感じで、こう…今まで宮田さんは
CL	130	はい。
CC	131	「もっとこうすればいいのにな」とか、「もっとこう改善すればいいのにな」みたいに思ったときってあるんですか？
CL	131	あぁ…まぁ確かにね…その営業ずっとやっていて…
CC	132	はい。
CL	132	そのお客さんからのクレームが結構あったりして
CC	133	うんうん。
CL	133	それで、まぁまぁ話題に上がっている物流とかでもね
CC	134	はい。
CL	134	「なんでもっと納品早くしてくれないのかな？」とか
CC	135	はい、はい、はい、はい。
CL	135	なんか工場がね「なんで前倒しで作ってくれないのかな？」とか
CC	136	うん、うん。
CL	136	なんかそんなことは思ったことはありますけど…
CC	137	はい、はい。 あ、じゃぁ…ちょっと他の部門で「何でこうなんだろう？」みたいな…そういう課題を感じたことっていうのは何回かある。
CL	137	そうですね。はい。
CC	138	けれども、そこがちょっとこう…まぁ縦割りだからわからない、みたいな感じがあったんですね？
CL	138	そうですね。
CC	139	そうかぁ。するとそこをどういう課題があるとか、その色んな視点…営業の視点とか物流の視点とか色んな視点で見るような、そんな宮田さんになっていったとしたら、なんか、どうなっていきそうなんですかね？　解説 11

CL	139	うーん。まぁ、それが多分できるよう…本当にできるようになれば
CC	140	うん、うん。
CL	140	多分、会社としてはすごく
CC	141	はい。
CL	141	いいというか…
CC	142	うん、うん、うん。
CL	142	優秀な人材と思われるというか…
CC	143	あぁ…。
CL	143	まあ、重宝がられるというか…
CC	144	あぁ…いいですね。
CL	144	感じかなぁ？
CC	145	そっかぁ。今、それ言ってみてどんなお気持ちなんですかね？ 解説 12
CL	145	うーん。また、そうなれるかなー？っていうのは…微妙なとこかなとは思いますけど…
CC	146	うん、うん、うん。
CL	146	まぁ、そういう風になれたらね…そりゃあ
CC	147	はい。
CL	147	それはすごくいいことかな、とは思いますけどね…
CC	148	うん。そうですよね。
CL	148	はい。はい。
CC	149	じゃあ、そこの「なれるかな？」っていう自信みたいな感じなんですかね？
CL	149	そう。そうですね。そうですね。 やったことないところなので…
CC	150	そうですよね。だからこそのチャレンジみたいなところですね？

CL	150	そうですね…はい。
CC	151	ちなみに、こう。今お話しをいろいろ聞いていて、初め、課長にも頑張ってなられたって仰ったじゃないですか
CL	151	ええ、ええ。
CC	152	課長になるっていうのは、こう、宮田さんの会社では、結構重要な…ことだったりするんですかね？
CL	152	そうですね。一応、あの…課、その課を、営業の一課、二課ってあるんですけど、その課を任されるっていうことは、やっぱり責任も出てきますし…
CC	153	うん。
CL	153	その…部下をね、どう動かすか？みたいなところも
CC	154	はぁ。
CL	154	出てきますし
CC	155	ああ…はいはい。そっかぁ…じゃあ、結構広い目線でいろいろ物事を見られる人じゃないと…
CL	155	ある程度はそうですね。
CC	156	そうなんですね。 次の…えっと、物流でも、課長職みたいな感じですか？
CL	156	そうなんですよ。一応課長とは言われているんですけど…
CC	157	とすると、じゃあ…ねぇ…今のお話しですと
CL	157	はい。
CC	158	いろいろ見えて責任感があるような…そういう人じゃないと任せられないような立場にいってほしいっていうことなんですね？
CL	158	まあ…まあそうですね…そうですね。 一応、課長職っていうことであれば…
CC	159	うん、うん。
CL	159	そうですね。

CC	160	ってことは、あれですか？　それができそうな人、みたいに見られているんですかね？
CL	160	どうなんでしょうねぇ。わかんないですけどね。物流は全くド素人なので…
CC	161	そうですよね。
CL	161	はい。そこがねぇ、問題というか心配というか…
CC	162	うん、うん、うん。
CL	162	はい。
CC	163	今、じゃあ、ド素人で心配っていうところ…そこがちょっとでも変われば何か変わりそうなんですかね？　解説 13
CL	163	まぁ…その、今までみたいにね、その…営業はもう 20 何年もやってますんで
CC	164	えぇ、長くやっていて…
CL	164	もうある程度わかるんでね、いいんですけど、それぐらいまで物流っていうことがわかるようになるには、やっぱり 26 年かかるのか、ってなるので…
CC	165	ははは。そうなんですか。
CL	165	うん。はい。
CC	166	そうなんですね。その…なんか、その…ちょっとこうね、疑問に思ったんですけど…
CL	166	はい、はい。
CC	167	異動したってときには、そのイチから全部理解してくださいっていうことなんですかね？
CL	167	うーーーーん。 ただ、まぁ…そこそこの職種というか課がね…部門というか、部がね、物流部門なので
CC	168	うん、うん。
CL	168	営業部門ではないので…
CC	169	そうですね。

CL	169	やることが全く違うので…
CC	170	違いますね。
CL	170	はい。なんで、やっぱりイチから覚えないといけないのかなぁ？っていう気はしていますけど…
CC	171	うーん。何かそういう風な、今回初めての異動なんでしょうか？
CL	171	ええ、ええ、ええ。そうです。そうです。
CC	172	そうですよね。営業をずっとされてきた。
CL	172	はい。
CC	173	だから、部門を渡って異動したときに求められることっていうのも、なんかこうイマイチわかってない、みたいなところもあるんですかね？自分自身で
CL	173	ああ…それも確かにありますね。はい。 それに異動、異動するから、じゃあ、どうしないといけないのか？っていうのがわからないっていうのも
CC	174	あぁ。
CL	174	確かにありますね。はい。
CC	175	そういうのは、今まで異動してきた人みたいなのはいるんですかね？　部門を渡って異動した同期とか？
CL	175	そうですねぇ。中には何人かいますね。
CC	176	うん、うん、うん。 そういう人からそういうのを聞くっていうのは…どうでしょうねぇ…できそうというか、したい、とか思うんですかね？　何をしたら
CL	176	ああ…そうですね。経験談みたいなね。
CC	177	うん、うん。
CL	177	はい、はい、はい。 それはまだ聞いたことないですね、そういえばね。はい。
CC	178	とすると、ちょっと、今までのお話をまとめさせていただくと　解説14

CL	178	はい、はい、はい。
CC	179	まぁね、ずっと 26 年間
CL	179	はい。
CC	180	営業として頑張って、もうビジョンも持って
CL	180	うん。
CC	181	もう「こういう風になるぞ」っていうね
CL	181	はい。
CC	182	ロールモデルもあってやってきた中での今回異動っていうところの
CL	182	はい、はい。
CC	183	まぁ、ちょっとショックというか
CL	183	えぇ。
CC	184	さらには、まぁ、こう、今まで未経験の仕事だし
CL	184	はい。
CC	185	さらにはビジョンもなくなってしまう。
CL	185	はい。
CC	186	うん。本当にやっていけるのか？っていう不安っていうところが仰っていたと思います。
CL	186	はい。
CC	187	ただ、お話を聞いていくと、いや、実は、その異動して全部見られる人材っていうのはすごい貴重だし、
CL	187	うーん。
CC	188	それがもしなれたとしたら、すごく会社にとって重要な存在になるだろうと。
CL	188	はい、はい。
CC	189	本当にそうなれるかどうかわからないっていう不安もね、こう仰っていたと思うんです。
CL	189	はい。

CC	190	ただ、それに関して、やっていくっていうところでは、実はそのヒントとなるような、こう、聞ける人材も同期にいるかもしれない。
CL	190	そうですね。はい。数名…何名かは。
CC	191	いる訳なんですね。
CL	191	はい。
CC	192	…ていうところまでが、ちょっと整理できたのかな？っていう風に今のお話を聞いて思ったんですけど
CL	192	そうですね。はい。
CC	193	その上で今、こういうね…ちょっと今まとめてみたんですけど、それ聞いて今どんなお気持ちですかね？
CL	193	そうですね。そのやっぱり経験者に一回いろいろ聞いてみて、
CC	194	うん、うん、うん。
CL	194	どんな…どんな感じなのか？
CC	195	うん、うん、うん。
CL	195	まぁ、本当にわからないんで
CC	196	そうですよね…うん。
CL	196	どんな感じなのか？全く違うところに行ったときに、じゃあ、どう動いたらいいのか？とか
CC	197	うん、うん、うん。
CL	197	まぁ、ちょっと一回聞いてみてもいいかなぁっていう…
CC	198	そうですね。はい。そういうのが何かわかってくると、ちょっと決められそうな感じなんですかね？
CL	198	そうですね。その辺が明らかになってくると
CC	199	うん。
CL	199	だいぶそのイメージもつくかなぁっていう気はしますね。
CC	200	そうなんですね。とすると、じゃあ、宮田さんは何か…情報？　解説 15

CL	200	はい。
CC	201	「どういう風になるんだろう？」とか「新しい仕事どうなんだろう？」とか、なんか情報が、ちょっと何もない中で決められてなかった…みたいな感じなんですかね？
CL	201	あぁ…そうですね。それはありますね。 うん。全くこう…全くわからない、経験したことのないところに突然行けって言われたので
CC	202	そうですよね。はい。
CL	202	えー、どうしたらいいの？って…

≪20分終了≫

解説１：あいさつと自己紹介。言語・非言語で相談者にとって安心して話せる場を提供しようとしています。

解説２：来談経緯の確認。キャリアコンサルタントはゆったり構えて、相談者が話したいことを十分話せるように促します。

解説３：相談者の語ってくれた来談経緯を確認します。「相談者が何を相談したいのか」ズレがないように丁寧に確認をします。

解説４：「この面接が終わるとき、どういう風な気持ちになっていたい」か、今回の面接（20分）における相談者にとっての目標を尋ねています。これは、いわゆるキャリアコンサルティングにおける「目標設定」での目標とは異なります。これは、相談者のニーズを理解することで、ラポール形成を意図した関わりです。

解説５：問題に対する相談者の気持ちを聞いていきます。ここでは相談者の発話を促し、流れを妨げない関わりが大切です。ちなみに、この相談者は気持ちより、事実や状況を多く話す傾向が見られます。このように、気持ちを聞いても返ってこない相談者もいます。ただ、その際も事実や状況の言葉の中から、そこに込められた気持ちや意味が垣間見られることもあります。

解説６：相談者の言う「ビジョン」が、相談者の思いだけによるもの

（ある種の思い込み）なのか、実際にそのようなキャリアパスがあるのかを確認しています。すると、相談者から「前例がある」との回答を得られたことから、この「ビジョン」が、相談者にとっても、客観的にも、ある程度現実味のあるものであったと推察されます。その現実的に描いていた「ビジョン」の揺らぎに直面している、そのような相談者の姿を捉えることができました。

解説７：相談者に「異動の理由（期待）を知りたいか」を尋ねています。これは別の言い方をすれば、「異動の理由を知れば何か変わるか」ということです。相談者の答えは、「まあ…そうですね…意図…確認というかどうしてなのか？を知りたいのはありますね。はい。」です。「…」であるとか、「知りたいの『は』あります」の言い回しなどから、相談者が純粋に「知りたい」という感じではない、ということが感じ取っていただけると思います。この言語・非言語の微妙なところに気付くことがポイントです。キャリアコンサルタントは、それを感じ取って「知ってもなぁ、みたいな気持ちもある」のかと確認しています。相談者は「そうなんです」と答えました。結局は、「やったことない仕事だし…」という話に戻ります。どうやら相談者の気持ちの重心はそちらにあることを確認することができました。

解説８：なぜ相談者がここまで「やったことない仕事だし」、「営業と全然違うし」などといったことを繰り返していたのか、その背景が語られます。そこにあるのは、「戸惑い」で、この相談者にとっては、物流に移ることは「これまで積み上げてきたものが0になる」ことであり、「これまで描いたビジョンが違うものになってしまう」ことを意味するものであることがわかりました。

解説９：解説８までで相談者が何に困っているかを確認してきました。それを踏まえて、相談者がこの問題に対して何を求めているのか（どうしたいと思っているのか）を確認しています。

解説10：キャリアコンサルタントは突破口を見出そうとしてか、相談者に過去に戸惑いを乗り越えた経験をたずねています。しかし、相談者の反応は、これまでの経験と今回の経験は異なるということでした。「全く未知との遭遇」という言葉からも、相談者にとってのこの問題のインパクトがいかほどのものか、キャリアコンサルタントにも理解されたのではないでしょうか。

解説11：相談者がこの「未知との遭遇」を乗り越えられたら、どんな自分になれそうか、考えてもらうというアプローチを試みています。相談者が「そうなりたい」と思っているのであれば、有効なアプローチと言えるかもしれません。

解説12：ここでも相談者は、「それはすごくいいことかなとは思いますけどね…」と、また含みのある言い方をしています。しかし、ここでキャリアコンサルタントがその相談者の含みをきちんと捉えて、「自信」について投げかけたところ、「やったことない」から「自信がない」という相談者の姿が浮かび上がってきました（ここでは、「そう。そうですね。そうですね。」とはっきり肯定しています）。

解説13：ここからは、「物流のことを理解するまで（これまで営業をやってきたのと同じ）26年かかるのか」という言葉から、相談者がいま何に困っているのかということが語られます。そして、それが、ある種の思い込みではないかという、キャリアコンサルタント視点の問題把握もなされました。また、ここで質問を重ねながら、問題の根拠を把握した上で、問題を相談者と共有していっています。その上で、「異動した経験のある方に話を聞く」といった方策のアプローチについても話を進めていくことができています。

解説14：キャリアコンサルタントはここまでの面接の話を要約しています。その上で、「それ聞いて今どんなお気持ちですかね？」と相談者に投げかけ、相談者に流れをゆだねています。これを受けて、相談者は自ら取ろうとしている行動と、そのことで得られる効果について自ら語れるようになっています。ここまで自分で語れるようであれば、自ら行動が起こせると見てよいでしょう。

解説15：ここで再度、キャリアコンサルタントから、結局何が今回の問題の要因だったかを相談者と共有しています。これにより、今回のキャリアコンサルティングが今回の問題への対処のみならず、相談者の成長に役立つ機会となっています。

ここまで「適切に展開した例」をご覧いただきました。実は、ご覧いただいておわかりのように、この20分間では何か明確な結論が出た訳ではありません。ここで行ったことは相談者の話をしっかり聞いて、今相談者が抱えている問題、課題は何かを把握・整理して、それを相談者と共有する、というところまでです。このままだと「具体的展開」は十分ではないとみなされる可能性もあります。それを補うのが「口頭試問」です。第６章で、どのようにフォローされているのかも併せてご確認ください。

………………………………………………………………………………

ここまで同じ宮田さんの「展開しない例」、「適切に展開した例」を見てきました。注意点としては、「不適切な展開の例」が必ずしも最初から最後まで全部ができていないという訳ではありません。また、「適切に展開した例」についても、全てが適切という訳ではありません。ましてや、「このように展開すれば必ず合格できる」というものでもありません。２級キャリアコンサルティング技能検定は、「熟練レベル」の力量があるかどうかを評価する試験です。「型通り」で合格できるものではないのです。良い例でも一言一句をそのまま真似るのではなく、面接の中で「何が起こったのか」、「そこでは何が機能したのか」、「どうしてそれが機能したのか」などについて理解して、ご自身の面接でも効果的な介入ができるためのヒントとして活用していただければと思います。

また、実はこの「適切に展開した例」もこのままでは若干合格は厳しいかもしれません。キャリアコンサルティングプロセスに沿って眺めたとき、「目標設定」や「具体的展開」については、あまり進行していないからです。ただし、それも相談（者）によりけりで、何が何でもプロセスを前に進めればよいというものではありません。

とはいえ、ここでも繰り返しますが、「やらなかった」と「できなかった」は違います。大切なのは、キャリアコンサルタントとして、「この相談（者）の場合、20分でどこまで進められそうか」見立てて、無理のない（相談者に無理をさせない）よう進めていけることです。そこで、口頭試問でのフォローが活きてきます。

第6章で、口頭試問でその点をどのようにフォローしているかも見てください。ロールプレイと口頭試問がセットであることの意味を感じていただけると思います。

9 逐語解説（事例２）

もう一例ご覧いただきましょう。適切に展開した例のみです。

●相談者：中村 麻里 45 歳 家族：母（68 歳）、長女（12 歳）と同居。
四年制大学卒業後、百貨店に総合職として入社、33 歳で結婚・出産し、3 年前に離婚。
相談したいこと：今、百貨店で働いているが、不景気の影響で売上が厳しく閉店やリストラの話も出てきている。家には母も長女もいて、働かないといけないが転職の経験もなく、どうしたらよいかわからない。百貨店以外の仕事経験も資格もない中で、今後どうすればよいのかわからず相談したい。

CL：相談者、CC キャリアコンサルタント

CC	1	はじめまして。キャリアコンサルタントの○○と申します。よろしくお願いします。
CL	1	お願いします。中村です。
CC	2	中村さんですね。よろしくお願いいたします。
CL	2	よろしくお願いします。
CC	3	では中村さん、今日はどういう風なご相談で来られましたか？
CL	3	はい。あの…私、今百貨店に勤めていまして
CC	4	はい

CL	4	で、もう長いこと勤めさせてもらっているんですね、新卒からずっと勤めているんですけども
CC	5	はい。
CL	5	最近は世の中あんまり景気が良くないっていうのもあって
CC	6	はい。
CL	6	百貨店業界全体的にだと思うんですけど
CC	7	はい。
CL	7	あまり、こう…私が勤めているとこも売上が良くなくてですね
CC	8	うん。
CL	8	まぁ、店舗を、まぁ、閉鎖するとか
CC	9	はい。
CL	9	閉店するための、その、何というか、検討に上がっている店舗が
CC	10	ああ…。
CL	10	ね、ちょこちょこ出てきたり、
CC	11	うん。
CL	11	ちょっと、リストラを検討しているとか
CC	12	はい。
CL	12	あるいは希望の退職ね、あの…などもちょっと言われている中で、まぁ、勤め続けてはいるんですけれども。
CC	13	はい。
CL	13	ちょっと、まぁ、漠然とこう…このままでいいのかな、みたいな不安がありましてね。
CC	14	はい。
CL	14	どうしたらいいかな、というのがちょっとあって
CC	15	うーん。
CL	15	ご相談に来ました。

CC	16	そうなんですね。ありがとうございます。今の景気の影響を受けて百貨店で働いているけど、厳しいっていうのもひしひしと感じてらっしゃるんですね。
CL	16	はい。
CC	17	そんな中で、今後大丈夫なのか？やっていけるのか？っていう漠然とした不安
CL	17	はい。
CC	18	さらには、そのご家族っていうところもあるっていうところで。
CL	18	そうですね。はい。まぁ、あの、私が…収入を得ているというか
CC	19	はい。
CL	19	まぁ、家族を養っているような状態で
CC	20	うん、うん。
CL	20	で、今母親と
CC	21	はい。
CL	21	娘と一緒に生活をしているんですけどね。
CC	22	はい。
CL	22	はい。
CC	23	じゃあ、その３人っていうので生活をしていて、こう…支えになっていらっしゃるんですか？
CL	23	あ、そうですね。はい。
CC	24	うん、うん。じゃあ、そういうところでのお悩みがあるってことなんですね。
CL	24	そうですね。ええ。
CC	25	そっかぁ。わかりました。じゃあ、今そういう風な状況の中で
CL	25	はい。

CC	26	あの、仕事が今後どうなるんだろうって不安と、また、ご家族っていう不安があると思うんですけど、 解説1
CL	26	はい
CC	27	特に今日はどういうところをお話ししたいでしょうか？
CL	27	うーん…そうですねぇ。今、やはりちょっと不安が、ちょっと漠然としているんですよね。 その…自分がどうしていったらいいのかっていうのが
CC	28	はい
CL	28	ちょっと見えてこないっていうのか、
CC	29	うーん。
CL	29	あの、私この百貨店…しか仕事してないんですよね。
CC	30	あ、そうなんですね。
CL	30	他に勤めた経験がなくて
CC	31	うん、うん、うん。
CL	31	で、仮にそのやめてくださいと言われたとしても
CC	32	はい。
CL	32	その次の仕事で何ができるのかとか、
CC	33	はい。
CL	33	自分でできることっていうか、通用するのか、みたいな不安もあるので、
CC	34	はい。
CL	34	うーん…まぁ、良く言えば、自信がちょっと欲しいなっていうのもあるんですね。
CC	35	うーん。そっか。今まで百貨店でしか働いたことなくって、
CL	35	ええ。
CC	36	今後…次、仕事探すにしてもどうすればいいのか？自信がほしいっていうところなんですね？ 解説2
CL	36	そうですね。

CC	37	今の百貨店はもうだいぶ長いんですか？
CL	37	そうですね。大学卒業してからあの総合職で。
CC	38	はい。
CL	38	入りましたので、
CC	39	うん。
CL	39	もう20年くらいでしょうかね。
CC	40	すごい長いですね。
CL	40	そうですね。まぁいろいろな店舗だったりとか
CC	41	はい。
CL	41	業務もいろいろなことをさせていただいてはきたんですけど。
CC	42	はい。…とすると、じゃあ、その百貨店でのお仕事っていうとこに関しては、自信がおありなんですね？ 解説3
CL	42	そうですね。いろんなことをさせてもらったな、っていうのはありますので、
CC	43	はい。
CL	43	あの…できることっていうのはきっとあるなぁ、とは思っているんですけど。
CC	44	うーん…。ただその中で、まぁ、百貨店っていうのでは、いろいろやってきたし、できることがある。
CL	44	そうですね。うーん。
CC	45	けれども、その百貨店っていうところがなくなると、っていうところなんでしょうかね？
CL	45	そうですね。仮にその…まぁ、「もうあなたはいいです」ってなったときに
CC	46	はい。
CL	46	はい。そこがあったから…何ていうの？守られていた
CC	47	あ。

CL	47	みたいなことがあるんじゃないかって思っているんですよね。
CC	48	うん、うん、うん。じゃあ、その「そこがあったから守られていた」っていうところがなくなったときっていうのは不安ですよね。
CL	48	そうですねぇ。
CC	49	うん、うん、うん。じゃあ、そういうところで、今そういう状況にいらっしゃると思うんですけど、
CL	49	ええ。
CC	50	それでいくと…なんか、次探したいっていう感じなのか？ それとも、ちょっとそれ以外の、気持ちの何というか整理がつかないとか？ 何かあるのか、どんな気持ちなんでしょうか？
CL	50	うーん。そうですね。ま、仕事についてはその自分に対して
CC	51	はい。
CL	51	あの、もう辞めてほしいとか
CC	52	うーん。
CL	52	ええ…店舗閉めます、とかって言われた訳ではないんですよね
CC	53	そうですよね。
CL	53	噂とかが結構あってちょっと不安があるっていうところもあるので
CC	54	うーん。
CL	54	まぁ、そこをこうどうこう自分でできない部分もあるかなぁ、と思っていて
CC	55	はい。
CL	55	まぁ、この仕事も好きで長いことやらせてもらったっていうのもあるので。
CC	56	そうですよね。

CL	56	そうですね…まぁ、仕事のことも勿論考えないなぁ、と思っているんですけど、今回、今思っているのは、まぁ…母親が　解説４
CC	57	はい。
CL	57	半年くらい前に
CC	58	うーん。
CL	58	ちょっと、あの…入院していたんですね。
CC	59	そうだったんですか。
CL	59	あの怪我をして。
CC	60	はい。
CL	60	で、まぁ、今は回復して元気にはなっていますけど。まぁ、だんだん年齢を重ねていくごとに、いろんな所が痛いとか
CC	61	あーん。うーん。
CL	61	何か調子が悪いとかって言い始めていますので
CC	62	はい。
CL	62	ま、この仕事が仮に何かできなくなった状態のところで、母親に何かあったら、っていう不安もちょっとありますねぇ。
CC	63	うーん。そうですよね。
CL	63	ええ。
CC	64	そっか。じゃあその今お仕事のところで　解説５
CL	64	はい。
CC	65	何か言われた訳じゃないけれども、ちょっと不安っていうのを
CL	65	はい。
CC	66	こう感じている。
CL	66	はい。
CC	67	そっち側の心配と、加えて、お母様が

CL	67	ええ。
CC	68	お母様も、じゃあ今特に何かするって訳じゃないけど。
CL	68	そうですねぇ。
CC	69	まあ、その入院していたときのことを考えて、何か今後さらにあったときにどうしようっていう
CL	69	はい。
CC	70	その両方とも、ちょっと、じゃあ、漠然とした今後の不安、みたいなところなんですかね？
CL	70	ええ。そうです。はい。
CC	71	あぁ…それでどうしようって思ってしまう。
CL	71	うーん。
CC	72	その漠然とした不安に関して、すいません、中村さんは、それを漠然とした不安を持たないようにしたいのか？それとも、それに対して何か準備をしていきたいなのか？どんなことを思ってらっしゃるんですかね？ 解説6
CL	72	そうですねぇ。不安がなくなるっていうのは、まぁ、何か解決すればまた次のが出るかな、っていうのは、経験上ある程度のことはあるとは思っているんですけど
CC	73	はい。
CL	73	やはり、自分が対処するという力というか、やりこなせるような能力といったらあれですけど
CC	74	はい。
CL	74	そういう自分だったら大丈夫、っていうか思えるようにはなっておきたいなと思いますね。
CC	75	大切ですよね。じゃぁ、そういう漠然とした不安に対して、自分だったら大丈夫っていう感覚を持ちたいっていう
CL	75	そうですね。まぁ一番はそれがありますかねぇ。
CC	76	うん。じゃあ、そこを持つために、今まで何かそれを、その感覚を持ったことっていうのはあるんでしょうか？ 解説7

CL	76	そうですねぇ…うん、まぁ…基本的にはね、楽観的なのかなぁ、とは思うんですよね。
CC	77	そうなんですか。
CL	77	その…私、離婚していて、今の状況で生活をしているので、まぁ、離婚するって結構エネルギーが要ったんですよ。いろんな意味でね。相手とのやり取りだったりとか
CC	78	はい。
CL	78	これからどうしていくか、みたいなところもそうですし、仕事は続けていたにしてもですね。うーん。その辺が…でも、何とかやってこられたっていうのも
CC	79	はい。
CL	79	ゼロではないので。
CC	80	うん、うん、うん。
CL	80	なんか…そうですねぇ。経験してって、何か「これ」っていう風には言えないんですけど、
CC	81	はい。
CL	81	でも、何とかなってきたなっていうのは…あるので
CC	82	うーん。
CL	82	大丈夫かなとも思うんですけどね。
CC	83	そうなんですね。じゃあ、離婚のときは何とかやっていけるだろうっていう感覚があって、
CL	83	そうですねぇ。
CC	84	まぁ現にやってこられた。
CL	84	はい。
CC	85	うん。今回はちょっとその感覚がどうも持てない…みたいな。 解説８
CL	85	そうですね。私も、今何でなんだろうと思っていたんですけど
CC	86	そうですよね。

CL	86	はい。まぁ、年齢的なものがちょっとあるのかなあと思いますね。
CC	87	うん。
CL	87	こう若い時だと
CC	88	はい。
CL	88	まぁやり直し、仮に仕事を変えてもそうですし、住む場所を変えても柔軟に
CC	89	はい。
CL	89	切り替えが利くというか
CC	90	うーん。
CL	90	そういうのもありますけども。あと、子供も小さいときだったら
CC	91	はい。
CL	91	まだ、その環境に慣れさせるのもそんなに気にならずにいくかなと思うんですけど、
CC	92	うーん。
CL	92	きっと、まぁ、今だと私自身も年齢的にその
CC	93	はい。
CL	93	採用の枠とか年齢的な制限とか
CC	94	はい。
CL	94	そういう不安もあるし。
CC	95	うーん。
CL	95	で、もともと、その、ま、母親…母親も、まぁ楽観的…本当余計なことなんですけど
CC	96	そんなことないです。
CL	96	母親も離婚するときに
CC	97	はい。

CL	97	まぁ、大丈夫なんとかやっていけるだろうから、っていう誘いをしてくれたの、今度私が支えていかなくてはいけない
CC	98	はぁ。
CL	98	立場が変わったりとか、
CC	99	うん、うん、うん。
CL	99	そういうのもありますしね。
CC	100	そうなんですね。じゃあ、昔のときにはお母さんて支えてくれる立場があったり
CL	100	はい。
CC	101	年齢っていうところで、何となくやり直しが利くだろう、みたいな感覚が
CL	101	そうですね。
CC	102	うん。
CL	102	無謀な感じ、っていうか、何も知らない
CC	103	はい。
CL	103	…からっていうのもあるかもしれないですね。
CC	104	それがちょっと今はその感覚が持てなかったりとか、
CL	104	そうですね。
CC	105	年齢重ねたっていうところで、
CL	105	うーん。
CC	106	とか、あとはお母様、今度は自分が支える立場になったという
CL	106	そうですね。
CC	107	変化が。そっか。その変化でちょっと今不安っていうところが出てきているんですかね？
CL	107	そうですね。その…何だろう。自分の立場が変わっているところが、まだ未経験なところがある、あるから

CC	108	うーん。そうですよね。
CL	108	その辺がね。はい。
CC	109	ま、今後も、じゃあね、立場が変わるっていう
CL	109	うーん
CC	110	新しい年齢での立場っていうのは変わっていく訳ですよね？
CL	110	そうですよね。実際のところは…変わりますよね。
CC	111	それをどう対処できる…中村さんになっていきたいですか？ 解説 9
CL	111	どうでしょうねぇ。あんまり…うーん…そうですね。何か無理せずに、気軽に、というか。
CC	112	はい。
CL	112	元気な感じで乗り越えていきたいですよね。
CC	113	いいですね。うん。
CL	113	なんか、すごくこう…真正面から受け止めて
CC	114	はい。
CL	114	つらくなるのではなくって、
CC	115	うん。
CL	115	もう少し軽く、身軽な感じで
CC	116	うん。
CL	116	やっていけるようにしていきたいなぁって思っていますけど。
CC	117	あぁ。いいですね。なんかそういう身軽な感じ？　真正面から受け止めなくてという。とすると、じゃあ、今はだいぶ真正面から 解説 10
CL	117	うーん。そうですね。ちょっと深刻になりすぎていたかな？っていうのはありますかねぇ。
CC	118	うん、うん、うん。

CL	118	実際になってもないことを
CC	119	そうですよね。
CL	119	考えたりとかって。確かに言われてないって話、お話をしたにもかかわらずですよ。
CC	120	はい。
CL	120	でも、そうはいってもちょっと不安を、見えないところを思いすぎていたかな、ってちょっと思いますね。
CC	121	うん。じゃあ、今そういう風に思いすぎていたっていう風に思って、もっと楽観的じゃないですけど
CL	121	はい。
CC	122	真正面から受け止めないようにって考えたら今どんな気持ちになっているんですかね？
CL	122	うーん。そんなに気にしなくても何だろう…まぁ、いずれは起こることもあるだろうけども
CC	123	はい。
CL	123	まだ、起こってないところをあんまりつらいものとして受け止める必要はないかなぁって
CC	124	うーん。
CL	124	ちょっと今思っていますね。
CC	125	そうですよね。そういう気持ち、感覚って大事ですよね。
CL	125	そうですよね。はい。
CC	126	うん。それが、あれですかね、先ほど仰っていた自分だったら大丈夫だろうって風な感覚に近いんでしょうか？ 解説11
CL	126	そうかもしれないですね。
CC	127	うん…じゃあ、ちょっとそういう風なところを意識する
CL	127	はい。
CC	128	うん。っていうのがまず1つ目でしょうか。
CL	128	はい。そうですね。

CC	129	で、他に気になっているところっていうのは何か？
CL	129	うーん…まぁ、たぶんそこと、さっきの話とつながっているかなぁと思う問題は、重く考えて過ぎるのが
CC	130	うん。
CL	130	やはりこう娘が今小学６年生になったところなので、
CC	131	はい。
CL	131	えっと、まぁ、だんだん思春期に入っていく年齢なんですね。 まぁ、女の子同士、女性同士ですから
CC	132	はい。
CL	132	色んな意味で最近ちょこちょここう…あの、喧嘩みたいなことをするようになってきたんですね。
CC	133	うん。
CL	133	そういうのも
CC	134	はい。
CL	134	なんかいろいろ心配になってくるというか。自分もたどってきた道ではありますけどね、今、軽く考えれば。
CC	135	そうですよね。
CL	135	何か、それもすごくそういうのも重く考えていたかなぁってちょっと思いましたけど。
CC	136	あぁ。そうかぁ。
CL	136	はい。やはりお父さんがいないからこうなったんじゃないかとか？
CC	137	あ。
CL	137	また自分を責めていたなって、ちょっとお話していて思いました。
CC	138	そうなんですね。そっかぁ。なんかそういう意味でいくと、結構ちょっと最近はいろんなことを思い悩んでしまっている傾向があったんでしょうか？

CL	138	あぁ、そうかもしれないですね。
CC	139	うーん。
CL	139	じゃあ
CC	140	そうですね。
CL	140	つい、こう、頑張ってきたから余計にね、何でも一人でやってこられただけに、こう…これからも、っていう感じもあってすごい力が入っていて
CC	141	うん、うん、うん。
CL	141	うーん。
CC	142	じゃあ、今後そういう風なね
CL	142	はい。
CC	143	今、気付いていったね、もう少し肩の力を抜く的に思えたと思うんですけど、今後こういう風に、ちょっとまた真正面から見たりとか重く受け止めなくていいようにするために、どんなことがあったら、そこは変わりそうですかね？ 解説 12
CL	143	そうですね……うーん…どんなこと…うーん…もうちょっと前から、また関係がないんですけど、なんか体を動かすことをするとか。運動とかね。
CC	144	はい。
CL	144	そういうのも最近全然やらない状況になっていたなと思って、ふと思い出しました。
CC	145	うーん。それは何かあったんですか？運動しなくなったのは
CL	145	しなくなったのは、やっぱり忙しかったというのはありますね。
CC	146	うん、うん、うん。
CL	146	家のこともそうだし、仕事そのものも結構忙しくしてきたので
CC	147	はい。うん。

CL	147	なんか…それに力を注いでいたっていうのもあるし
CC	148	うーん。
CL	148	切り替えるのが…うまくなくなっているっていうのは
CC	149	はい。
CL	149	なんか、気分を変えるものを全然してなかったのかなと思って。
CC	150	そうなんですね。
CL	150	はい。
CC	151	そっかぁ。ちょっと忙しくなると…まぁ、視野が…狭くというか、余裕がなくなるみたいな感じなんですかね？ 解説 13
CL	151	そうですね。ちょっとゆとりがなかったですね、今まで。
CC	152	うーん。じゃあ、そういうのが今大切だな、っていう風に改めて。
CL	152	うん。そうですね…なんか、今ちょっと思いついたんですけど、
CC	153	あぁはい。何でもいいですよ。
CL	153	何かこういう不安で考える時間も
CC	154	はい。
CL	154	たぶん、今までする必要がなかったというか
CC	155	あぁはい。
CL	155	しなかった。ゆとりがなくてできなかった。
CC	156	うんうん。
CL	156	ということなんで、きっとそう、いうこう…今がそういう…必要だから、そういう風になっているのかもなぁと思って。
CC	157	はい。いいですね。
CL	157	うん、うん。

CC	158	うん。何かそういう風に、やっぱり、立ち止まって振り返るっていう、そういうのが今後、必要になるのかもしれませんね。
CL	158	そうですね。
CC	159	うん。
CL	159	そういう時期に今ちょうど来ているのかもなと思いました。
CC	160	そうすると、じゃあ今後ね、今日お話の中では　解説 14
CL	160	はい。
CC	161	それこそ、仕事がちょっとこう…言われた訳でもなく、特に何か通達ある訳でもなく、今後、ちょっともし何かあったら、倒産したらどうしよう、みたいな
CL	161	はい。
CC	162	まぁ解雇されたらどうしよう、みたいな不安があるっていうのと、あとご家族
CL	162	はい。
CC	163	っていうご不安があるということまで聞いたと思うんですが、
CL	163	はい
CC	164	どうもそれは、すごく余裕がなく、いろいろ考えすぎてしまったっていうところまで気付かれて
CL	164	そうですね。
CC	165	じゃあ、その上で今後はどういう風なご自身でありたいというか、どういう風な中村さんでありたいっていう風に思いますかね？　解説 15
CL	165	うーん…そうですね…何でも、何ていうのかな…楽しんでやっていける人生にしたいというか
CC	166	いいですね。
CL	166	大変だったことも結構ありましたけど、
CC	167	はい。

CL	167	それも…まぁ、何というのか楽観的にその力を抜いて乗り越えて来られたのは、やっぱりそこに楽しみとか
CC	168	はい。
CL	168	そういうのもあったからだろうと思いますんで。
CC	169	うん。じゃあ楽しんで生きる、
CL	169	うーん。
CC	170	楽しみっていうのを見付けていけるような、そういう風な中村さんでありたいってとこですね。
CL	170	そうですね。
CC	171	じゃあ、もしよろしければなんですけど、
CL	171	はい。
CC	172	そこを目標に
CL	172	はい。
CC	173	今後、どういう風にお仕事とか、まぁ、他のプライベートも
CL	173	ええ。
CC	174	進めていけばいいのかっていうお話をすることもできますし、
CL	174	あぁ…そうですね。
CC	175	うん。もしも他のことで、ちょっと話したいことがある、っていうんだったら、そっちでもいいんですけど、
CL	175	はい。
CC	176	今からの時間、どう使っていきたいとかありますか？
CL	176	あぁ、そうですね…先にあの言ってくださったように、
CC	177	うん。
CL	177	その楽しく、楽しんで生きることについて
CC	178	うん。

CL	178	もうちょっと、自分のプランとかそういう話ができたらいいなと思います。
CC	179	あぁ…いいですね。
CL	179	はい。
CC	180	もう、すごいですね。なんかこう…お仕事のお話で来たのに、最終的にはこう楽しんで生きるっていう
CL	180	急にね。話ですけど。
CC	181	この数分何があったんでしょうね、中村さんの中で？ 解説 16
CL	181	そうですね…うーん。やっぱり、自分の今の状態に気付けたっていうか
CC	182	あぁ、はい。
CL	182	そういうのは大きいですかね。はい。
CC	183	いいですね。
CL	183	はい。ありがとうございます。
CC	184	じゃあ…あの、まぁ今後どう楽しんで生きるか？ 解説 17
CL	184	はい。
CC	185	というところで、どうでしょう。今、なんか頭の中に思い浮かんでいることありますか？
CL	185	うーん。いやぁ…どうなんだろう…でも、さっきそのスポーツっていうかね、何か体を動かすことをしたらっていうのは、ちょっと思ったんで
CC	186	うーん。
CL	186	なんかそういうのを、どんなことが今…したらいいかな？とか
CC	187	うん。
CL	187	そういうのも思いますし、
CC	188	うん、いいですね。

CL	188	何か仕事以外での自分のつながりとか

≪20分終了≫

解説1：相談者から「仕事」のことと、「家庭」のこととが同時に語られました。どうもこの相談者の話の焦点がはっきりしないため、また、限られた相談時間を有効に使うため、まずはどこから話を進めるか、焦点付けのためこのような問いかけをしています。

解説2：相談者の話の要点を確認しています。この相談者のように、ともすれば話が散らばりやすい場合は、都度「あなたが言っていることはこういうことですね」と要約して、相談者に確認することは特に大切です。

解説3：「自信」ということに関して。自信があるという側面に焦点を当てています。

解説4：ここまで仕事の話でしたが、「母親」の話題が出てきます。キャリアコンサルタントはそこにもしっかりついていきます。

解説5：キャリアコンサルタントがここまでの話を要約し、要点をまとめています。「両方とも漠然とした今後の不安」（CC70）だと確認しています。

解説6：ここまでで「今後の不安がある」という話を聞きました。それを踏まえた上で、その状態に対して、相談者が何を求めているのかを改めて確認しています。これをしっかりつかんでおくことで相談の方向性を適切に定めることができます。

解説7：解説6を踏まえて、過去にも同じような経験があったのかを聞いています。これにより、相談者にとっての解決像を共有するとともに、（実際に同じような経験があれば）今回の問題を乗り越えるリソースがあるかを確認しています。

解説8：ただ、今回の経験はいままでとは違うようです。そして、何がどう違うのかが語られています。キャリアコンサルタントは相談者にとって今回の問題がどのようなものかを把握していきます。

解説９：ここまで丁寧に状況を聞いた上で、「それがどうなったらいいか」を相談者に確認しています。ときどき、いきなりこういった質問するキャリアコンサルタントもいますが、これは問題をしっかりと話せた後でないとなかなか出てきません。

解説10：「どうなったらいいか」がわかったところで、改めてその姿と現状のギャップについて確認しています。

解説11：「自分だったら大丈夫」となっている姿はこういうことですか？と相談者に確認するとともに、そうなるための具体的なアクション（「意識する」）の提案を行っています。

解説12：さらに具体的に、何かできることがあるかを相談者に確認しています。ここではキャリアコンサルタントが「ああしなさい、こうしなさい」というのではなく、相談者本人が自発的に考えるよう促している点がポイントです。

解説13：今回のことに限らず、相談者の持っている、特性・傾向について相談者との共有を図っています。このことにより、今回の問題解決を超えた、相談者自身の成長につながるような面接を行うことができるようになります。

解説14：ここまでの話の要約です。都度このような場面を挟むことで、相談者と足並みをそろえて対話を進めることができています。

解説15：ここまでで捉えた問題に対して、相談者が「どうありたいのか」を問うことで、目標につながっていく対話です。

解説16：相談者にとっての気付き、変化を確認しています。

解説17：目標に対してどのような方策が考えられるか。相談者に確認しています。途中で面接は終了していますが、もしこの後も対話を続けられれば、相談者自身が目標に近付くための具体的な方策を考えていくことができそうです。

この面接全体を通して、キャリアコンサルタントが一つひとつのプロセスを丁寧に進めている様子をご覧いただけたと思います。相談者の話を丁寧に聞き、理解を深めながら、わかったことを都度確認する。それによってまずは関係構築を図り、その上で、何が問題か（問題把握）、どうなったらいいか（目標設定）、そのために何ができるのか（方策）を１つずつ丁寧に確認、合意・共有しながら進めています。

また、この相談者の傾向として、よく話をしてくれますが、ともすれば話が逸れたり、話題が散らばったりしてしまいがちです。全く話をしてくれない相談者よりはやりやすいと感じる方も多いと思います。ただ、話があちこちにいったり、自分の話していることに無自覚な相談者の場合だと、収拾がつかないまま20分間が終わってしまったりする可能性もあるので、キャリアコンサルタントがより意識的に、都度話を確認したり、話題と話題のつながりを確認したり（他人からは取り留めがなく見えても、本人の中ではつながっている話である場合も多いので）、また、話題を拡散させるだけではなく、「どうしてそう思うのか」など内省を促すよう関わることなどがいつも以上に必要になります。

……………………………………………………………………………………

ここまで３つのケースを見ていただきました。それぞれのケースから学べるものがあったと思います。また、３つのケースに共通していることとしては、４つの評価区分がそれぞれに関連しているということです。つまり、「基本的態度」、「関係構築力」、「問題把握力」、「具体的展開力」は独立したものではなく、相互に影響しあっています。合格のためには、一つひとつの評価区分を確実に捉えていくこと。それが、全体の点数アップにつながります。

例えば、「問題把握力」と「具体的展開力」に課題を感じる受検者も多いですが、「問題把握力」も「具体的展開力」もそれ単独で点数を上げることはなかなか難しいです。

特に、宮田さんの「不適切な展開の例」と「適切に展開した例」を比較していただくとわかるように、「不適切な展開の例」のように、「具体的展開」だけ点数を上げようと焦ると他の評価項目まで点数を下げてしまうことになりかねません。

結局は、「適切に展開した例」のように、「基本的態度」や「関係構築」を丁寧に行うことが、問題を適切に捉え（「問題把握力」の向上）、適切な展開（「具体的展開力」の向上）をすることにつながっていく、という点にも注目してください。

10 何ができれば合格なのか

では、20分のロールプレイの中で、何ができれば合格なのでしょう。

ここでは、①～⑤の要素に分解して説明します。この一つひとつの要素を着実に積み上げていくことが合格へとつながっていきます。

先程の逐語記録にあてはめながら、理解を深めていただければと思います。

①　相談者との信頼関係の構築・維持

受容・共感・自己一致の姿勢を維持しながら、相談者の話を傾聴することで、信頼関係を築きます。特に、「相談者をありのまま受け入れる」こと、「相談者の枠組みで」理解し、「わかったことを伝え返す」ことを繰り返すことで、まずは相談者に「この人は自分の味方」で、「自分のことをわかってくれる」と思ってもらいましょう。また、構築した信頼関係を維持し続ける関わりも大切です。

②　相談者の枠組みで問題を把握する

①の延長線上のことになりますが、相談者が「何に」、「どうして」困っているのか、相談者の「現在地」を相談者の枠組みで理解していきます。そして、相談者に「あなたが問題と感じているのはこういうことですか？」と確認して、「そうです」と合意を得ます。キャリアコンサルタントの頭の中でわかるだけでなく、相談者に確認し、合意・共有するまでがゴールです。

キャリアコンサルタント視点での問題把握も大事ですが、そもそも「何を相談したいのか」もわかってくれない人に相談しようと思わないですよね？

また、その問題をどうしたいと思って相談に来たのかも併せて捉えておくと、その後の進め方がスムーズになります。

③　キャリアコンサルタント視点での問題も把握する

相談者の問題を適切に把握することは問題解決のスタートです。そして、よりよい問題解決のために、キャリアコンサルタント視点での問題把握は効果があります。どうして相談者はこのような問題を抱えているのか、問題を解決できずにいるのか、「解決」と「現状」の間に横たわる阻害要因を探ります。ただ、何でも言えばよいという訳ではなく、きちんと根拠があること、そして、どこに働きかければ効果が大きいかを見極めた上で捉えていく必要があります。

また、このキャリアコンサルタント視点の問題に関しては、相談者視点の問題の場合とは異なり、必ずしも相談者に伝える必要はありません。相談者との関係性や相談者の問題を受け入れられる程度によっては、伝えることがかえって面接に悪影響を与える場合があります。その場合は、あえて相談者には直接伝えず、㋐方策の中にキャリアコンサルタント視点での問題の解決行動を挟み込む、㋑口頭試問で試験官に伝える、という方法もあります。

④　問題に対する適切な目標設定

②、③で捉えた問題を踏まえて、解決に向けた目標を設定します。目標は「誰にでもあてはまる」類のものではなく、②、③に符合したものでなければなりません。また、これに関しても、相談者に受け入れられて初めて意味を成すので、しっかりと相談者と合意・共有することが必要です。

⑤　適切で具体的な方策の提案

目標を立てたら、その実現のために何をするのか、方策を検討します。まずは内容が目標と整合性があること。そして、実行するのは相談者ですから、相談者が、「何をしたらよいのか」、「どのようにしたらよいのか」などを理解して、実行できる内容になっていることが必要です。

そして、もちろん、ここでも相談者との合意・共有が必要です。

20分のロールプレイの中では、必ずしも⑤まで進める必要はありません。

あえていうなら、ロールプレイの20分間で④あたりまで、口頭試問で⑤の内容も具体的に説明できる程度まで進められることが合格点に達する一つの目安です。しかし、これも絶対ではありません。相談者によります。

焦って進めるよりも、相談者のペースも尊重し、丁寧に合意・共有しながら、①からのステップを一つひとつ着実に進めましょう。また、ただこの工程をこなすだけでなく、相談を通して相談者にとって前向きな変化が起こることが大切です。

【参考：相談者の問題構造】

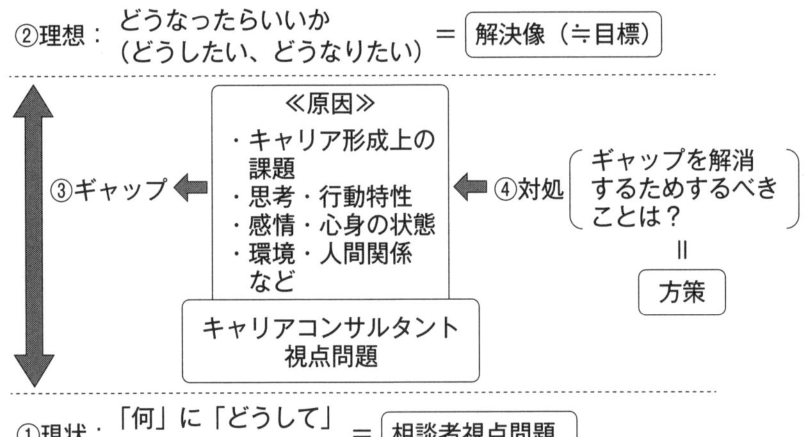

※　②について：相談者の考える「解決像」と相談者へのキャリア支援を俯瞰的に考えた上で設定する「目標」は、必ずしも同じものとは限らないので「≒」としています（ただし、全く別のものではなく、「目標」と「解決像」は同じものの延長線上であったり、前者は後者を包括するものであったりします）。

11 対応のポイント

ここでは、面接をよりスムーズに進めるための対応のポイントを整理しておきます。ご自身がロールプレイに取り組む際の参考になさってください。

①　あいさつは思った以上に大事

あいさつ自体はキャリアコンサルティングに特有のものではありません。ごく日常のコミュニケーションです。ただ、面接においては非常に大事なものです。このあいさつが相談者とキャリアコンサルタントとの最初の出会いになるからです。あいさつの際に相談者から見たキャリアコンサルタントの印象が決まってしまいます。私たちキャリアコンサルタントは、相談者の第一印象いかんにかかわらず「この人はどんな人なのだろうか」とより深く知ろうとしますが、相談者はそうとは限りません。「話しやすそうな人だな」と思うか「この人いやだな」と思うか、それがその後の展開に大きく影響します。そして、これもよくいわれることですが、第一印象は簡単には変わりません。相談者から見た印象はとても大事です。

具体的には、口調、声のトーン、笑顔、アイコンタクトなどです。言語・非言語双方で相手が安心できるような対応になっているか、良い印象を持ってもらえるような対応になっているか、普段から何気なくやっていることですが、少しご自身の対応に意識的になることから始めてみましょう。相手からどう見えているか、相手に安心して話していただけるような応対になっているか、普段から意識してみたり、動画にとってみたり、さらには身近な人からフィードバックをもらってもよいでしょう。そして、必要であれば改善を行います。また、周囲の上手な人をモデリングするのもよいかもしれませんね。

② まずはゆったり、ゆっくり話してもらう

特に面接の冒頭では、相談者とその問題を理解するために、まずは相談者に防衛的にならず話したいことを話してもらうことが大事です。あいさつ等で安心感を与えることも大事です。そして、相談者が落ち着いて話せる環境を用意することも大事です。特に面接の冒頭は、相談者は緊張などからスムーズに話せないのと、キャリアコンサルタントも緊張や早く内容を把握したくて焦っていることから、お互いの話の間が合わないことがしばしばあります。よくあるのは、相談者が話しているところをキャリアコンサルタントが遮ったり、かぶせたりしてしまうことです。このようなことをしてしまうと相談者が自由に話せなくなってしまいます。このような癖があるなと自覚している方は、相談者が話し終わったと思った後、3秒待つというのを試してみてください。

例えば、次のようなイメージです。

- ■ 相談者：「～なんです…」
- ■ キャリアコンサルタント：（心の中で1、2…）「(3) そうなんですね。～」

こうすることで、相談者の話を遮ってしまうことも少なくなります。また、相談者が付け加えて話したいことが出てきたとき、それを話しやすくなります。自分の話したことを味わう（内省する）時間にもなるかもしれません。特に面接の冒頭では、この3秒はより良い対話に必要なバッファだと捉えていただければと思います。

③ 1回目の要約。ポイントはどこか？

2級キャリアコンサルティング技能検定の一つの特徴として、相談者の第一応答（「相談したいこと」の内容）がとても長いことがあります。

120字前後あります。しかも、その中に様々な要素が入ってくるので、全部覚えるのは難しいですね。

ただ、結論から言うと、必ずしも全部覚える必要はありません。ポイントを押さえておけば大丈夫です。では、ポイントは何かというと、論述の問1を思い出してください。

特に大事なのは、相談者の感情に紐づく言葉や特徴的な言葉などです。逆に事柄に関することは詳細まで覚えていなくても大丈夫です。それに、きれいに文章で丸覚えしなくてもキーワードを覚えておけばよいですし、わからなくなれば聞き返しても大丈夫です。面接冒頭はただでさえ緊張していると思いますので、「一言一句、暗記しなければ！」というプレッシャーからご自身を解放してあげてください。

④「何を相談しに来たのか」がズレないように確認

これも③と同じく、面接冒頭でのお話です。相談者から語られた「相談したいこと」を要約・確認する際に、相談者が言った言葉の最後の部分が抜けてしまうケースがよく見られます。例えば、「〜どう考えればいいのかわからないため、相談したい」、「〜今後の方向性に迷っており、相談したい」などの部分です。

ここがないと、ただ「状況」を話しているだけになってしまうので、今日ここに「何を相談しに来たのか」があいまいになってしまいます。相談の方向性をずらさないためにはこの「何を相談したいのか」がわかる形で伝え返す必要があります。もちろん、それが違っていれば修正が必要です。

また、このときだけではないですが、相談者に確認をする際に注意したいのは相談者の微妙な反応（相談者にとっては、「ちょっと違う気がするけど、あえて否定するほどでもないのかな」といった反応）です。あえて否定するほどでもないというので、ほんの少しのずれかもしれませんが、この「ほんの少し」が蓄積すると、相談者に違和感や不全感をもたらすことになりかねません。キャリアコンサルタントにとっては、明確に違うと言ってくれるときはわかりやすいのですが、微妙な場合はかえってわかりにくいため要注意です。

したがって、「否定されていないからいいか」ではなく、違和感があれば放置せず対処（「何か違うところがあればおっしゃってくださいね」と再度確認するなど）すること、そして、常に「本当に、相談者を正しく理解できているだろうか」という視点を持っておくことが、相談者と足並みをそろえて面接を進めていくためには大切です。

⑤　ファーストクエスチョンはどこから？

ファーストクエスチョンとは、相談者の「相談したいこと」を要約・確認した次に行う質問です。相談者から様々なことが語られ、気になるところがいろいろあり、どこから聞いていけばよいのか、迷ってしまいますよね。

絶対の正解はないのですが、この段階でまずやってはいけないのが、「先に相談者が話した『相談したいこと』と関係のないことを聞く」ことです。面接冒頭は「相談したいこと」で語られたことを起点に、相談者の問題を明確化していくことが必要です。いきなり話題を拡散させるのではなく、「相談したいこと」の内容をより深めていきます。

ですので、ファーストクエスチョンは「相談したいこと」の中のキーワードについて行う、ということになります。キーワードもいくつかあるので、どれにしようか迷いますね。最も強く訴えているところ、聞きやすい（相談者にとっては話しやすい）ところなどが入り口になりそうです。

ちなみに、質問は一度しかできない訳ではないので、気になることがいくつかあれば、1つずつ順番に聞いていけばよいですし（ただし、一問一答にならないように注意）、相談者の話はそれぞれどこかでつながっていることも多いので、何か一つ聞いたことがほかの聞きたいと思っていたことにつながることも、しばしばあります。

相談は“当てもの”ではないので、「正解の質問をしないと」と気負う必要はありません。落ち着いて臨みましょう。

また、もし、まだ相談者が何を訴えているのかよくわからなければ、

「もう少し詳しくお話しいただけますか」とうながすのもありです。ただし、相談者によっては「何を詳しく話せばいいですか」などと反応される場合があります。そういう場合でも、焦らず落ち着いて対処してください。「お話ししやすいところからでいいですよ」と相手にゆだねてもよいですし、「それでは、○○について…」と、ある程度焦点を絞ってあげるという場合もあるでしょう。

⑥　受容・共感・自己一致

相談者との関係構築、そして、その維持のためには、受容・共感・自己一致の姿勢で相談者にかかわり続けることが必要です。具体的には以下の通りです。

㋐「受容的態度」

相談者の話を、良し悪し、好き嫌い等は脇に置いて、評価せずに聞くこと。そして、なぜ相談者はそのように考えるのか、ということに肯定的な関心を寄せながら聞くこと。それによって、相談者は安心して、防衛的にならず話をすることができます。

ちなみに、「評価せず」というのは、「批判」や「非難」のようなマイナスの評価だけでなく、「ほめる」などのプラスの評価も差し控えることです。何も条件を付けずに相談者そのものに肯定的な関心を寄せることで、相談者は「ここは自分にとって安心な場だ」と認識できます。キャリアコンサルタントには相談者にそのような安心感を抱いてもらえるような場を作ることが求められます。

㋑「共感的理解」

相談者の話を相談者の枠組みに沿って理解しようとすることです。「相談者にとってどうか」ということが大事です。そして、理解したことを相談者に伝え、きちんと相談者を理解することができているか確かめます。

これを繰り返すことで、相談者は「キャリアコンサルタントは自分のことをわかろうとしてくれている」、「キャリアコンサルタントにわかってもらえた」と感じ、信頼を寄せてくれるようになります。

また、キャリアコンサルタントとのやり取りを重ねる中で、キャリアコンサルタントだけでなく、相談者も相談者自身をより深く知っていく契機になり、キャリアコンサルティングの促進要因になります。

㋒「自己一致」

キャリアコンサルタントとして、面接の中で現実に体験していることと意識の中で感じていることが一致している状態です。例えば、相談者の言っていることがわからないときには、わからないままにしない。また、違和感があると感じたときには、その違和感を逃さない、など自身の内面の動きに気付き、それに誠実に対応することが必要です。

特に、面接の冒頭では、これらの態度を持ちながら相談者に丁寧に接していくことで、信頼関係が構築されていきます。

ただし、関係構築のための関わりが必要なのは面接冒頭だけではありません。面接中の終始にわたり、構築した信頼関係を維持・継続し続けていく必要があります。

多くの場合、関係性の強さは放っておくと落ちていきます。そのため、意識的に「受容・共感・自己一致」の姿勢で相談者に接し「続けていく」ことが大切です。どうしても、面接の後半になるほど「(残りの時間で) 自分が何を話すか」に意識が向き、相談者を置き去りにしてしまいがちです。焦る気持ちは理解できますが、急がば回れではないですが、常に信頼関係の程度を意識し、維持していくことが、結果として面接をスムーズに進めていくコツになります。

⑦ 聞く < 話してもらう

キャリアコンサルティングにおいて、「聞く」ことの大切さはすでに十二分に実感されているかと思います。実践の場ではできていても、いざ試験となると意識しすぎてしまってうまくいかないこともあります。

特に、「何を聞こう」、「どう聞こう」などと考えれば考えるほど、質問することにばかり意識が向き、面接が一問一答になってしまいがちです。

そんなときは、自分に意識が向きすぎている可能性があります。相談者に矢印を向けてみましょう。つまり、(自分が)「何を聞こう」よりも、(相談者に)「どうやって話してもらおう」という気持ちで、相談者にとっての話しやすい関係、環境を提供することに注力してみてください。

⑧　言葉の意味は人それぞれ。相談者にとっての意味を知る

「迷っています」と相談者が言ったとします。それに対して、「不安なんですね」とキャリアコンサルタントが伝え返す。ロールプレイをしていると、ときどきこんな場面が見られます。

このとき、「同じような意味だからいいんじゃないの」とか、「悩んでいるのだから不安なんでしょう」などと思ったとしたら、要注意です。なぜなら、これは相談者の訴えを正確に理解していることにはならないからです。言葉が、「迷っている」から「不安」に変わってしまっていますね。キャリアコンサルタントの感じ方、あるいは辞書的には同じような意味だったとしても、相談者にとっては違う言葉なのです。

言葉にはその人特有の意味が込められていることがあります。それを勝手に言い換えてしまうと、「わかってもらえていない」と感じさせてしまったり、「それってどういう意味かな、私の言ったことと同じ意味かな」と余計なことを考えさせて内省を妨げてしまったり、ということになってしまいます。

「迷っています」の一言ならそのまま伝え返せるでしょうが、相談者が長く話して、それを正確に覚えきれないときなどに、ついやってしまいがちです。

面接が進んでいけば、相談者に気付きを与える意味での言い換えは効果がある場合もあります。しかし、面接冒頭は相談者を理解するために相談者の言葉をそのまま用いること、そして、相談者にとってのその言

葉の意味を知ろうとすること、相談者の言葉を大切に扱うことが大切です。

⑨　わかったつもりにならない

例えば、「今、10年間アルバイトなのですが、正社員になりたいです」と言われたらどう思いますか？

「それはそうだよね」、「アルバイトより正社員になりたいよね」などと思ったとしたら、要注意です。なぜでしょう。

まず立ち止まって考えてほしいのは、相談者はなぜこのようなことを言うのか、ということです。正社員になりたいのは、なぜなのか。雇用の安定なのか、収入を上げたいのか、正社員でなければできない仕事がしたいのか、人によって理由は様々です。

もしかしたら、誰かから正社員になるように言われたので、そのように言っているのかもしれません。また、正社員になりたいというのは口実で、アルバイトを辞めたいだけかもしれませんし、特に明確な理由もなく「ただ、何となく」かもしれません。

また、「今、10年間アルバイトなのですが」と、あえて付け加えていますが、そこにはどんな意味が込められているのか、というのも気になります。

これらは相談者に直接確かめてみないとわかりませんし、もしかしたら相談者自身も明確には気が付いていないかもしれません。

キャリアコンサルタントとしては、相談者をより正確に理解するためにも、一見自明に思えるようなことでも（それは思い込みかもしれませんので、むしろ、そのようなときほど）、「この相談者はどうしてそのように思うのか」という、理解しようとする姿勢が求められます。

日常会話での「わかった」よりもう一段深いレベルで、相談者のことが「わかった」と言えるようになるとよいですね。

⑩　キャリアコンサルタント視点の問題を捉える視点

面接試験では、相談者の話を共感的に聴きながら相談者の訴える問題を捉える一方で、キャリアコンサルタントとして、相談者の気付いていない問題を把握していく必要があります。問題を捉える視点は論述試験の問２と同じです（第４章を参照）。

ただし、論述試験との違いもあります。それは、相談者が実際に目の前にいることです。論述は書面に書かれている情報から推察するしかありませんが、面接ではキャリアコンサルタント視点の問題を感じたら、根拠を相談者に確かめることができますし、それをしないといけません。この時点では、あくまでキャリアコンサルタントの仮説だからです。必要なことを確認して、本当にそれが問題と言えるか検証する。これは面接ならではの作業です。面接では論述以上に明確に、根拠をつかんだ上での問題把握が求められます。

⑪「だから」がわかるか

相談者の訴える問題にしても、キャリアコンサルタント視点の問題にしても、私たちキャリアコンサルタントはどうなったら「わかった」といえるのでしょうか。

それは、「何」が問題かが理解できることです。さらには、「どうして」それが相談者にとって問題なのか了解できる、というのが一つの目安となります。

同じ状況でも問題に感じる人とそうでない人がいます。では、どうして、相談者はその状況を問題と捉えるのでしょうか。そこには、その相談者ならではの理由や思いがあるはずです。相談者の話を聞く中で、「〜だから、このことで悩んでいるのか」、「〜だから解決できずにいるのか」と納得がいったときに「わかった」といえます。逆に、相談者が訴えている問題（「何」）はわかるけど、「どうして」それが問題なのかは聞けていない・わからない、というときには、もう一歩理解が必要かもしれません。

⑫「どうなったらよいか？」そして、「どうしてそうなっていないか？」

問題がわかれば、次に考えたいのが「相談者にとってはそれがどうなったらよいのか」ということです。つまり、相談者にとっての「解決像」です。

ここで「相談者にとって」とあえて言っているのは、同じような問題でも相談者によって解決像が違うからです。「この相談者にとっての解決像」を捉えることが大切です。問題を共有した上で、「どうなったらよいと思いますか」と聞いてもよいでしょうし、「こうなったらよいのでしょうか」などと伝えてみてもよいかもしれません。

いずれにしても、相談者自身が「どうしたい」、「どうなりたい」などの「解決像」を描けるようになることが、次の目標・方策のステップへの足掛かりです。

また、そのとき、キャリアコンサルタントとしては、同時に「では、どうして相談者は現状そうなっていないのか」を考えます。

理想と現状の間にあるもの、そのなかでもインパクトの大きいものが相談者にとっての本質的な問題であり、これから優先的に解決に向けて取り組んでいくべき課題になりえます。

⑬　とりあえず、どこを目指そう

面接が進めば、相談者と目標を設定・共有していきます。論述の「問3」、「①目標」にあたる部分ですね。

よく「中長期的視点が大事」といいますが、いきなりあまり遠い話ばかりをすると、つかみどころがなくなってしまいます。相談者は「それよりも目の前のことを何とかしてほしい」と思いますよね。

そこで、中長期的な視点は持ちつつ、それも踏まえた上で、まず目指すのは身近な目標、と考えましょう。または、「中長期的な視点と短期的な視点の二段階」と考えてもよいと思います。

いずれにしても、相談者にとっては、いま自分が訴えている問題と直接関係があり、なおかつ具体的にイメージできるほうが、達成したときの自分の姿を実感できるため、前向きに捉えることができます。

⑭　方策は「理由」「中身」「効果」

面接の中で、ふと「こういうことをやってみたらよいのでは」と思い立って、相談者に「○○してみてはどうですか？」と投げかけたところ、キョトンとされてしまったり、「どうしてそんなことをしないといけないのですか」、「できません」などと抵抗されてしまったり、ということはありませんか？

方策に関しては、まず前提として「目標」が相談者に理解された後に提案することが必要です。ロールプレイを見ていると、「目標」がまだ明確でないのに「○○してみてはどうですか？」と方策を提案して、相談者に受け入れてもらえないという場面をよく見受けます。目指すところを明確にしましょう。

また、その後だったとしても、方策それぞれについて、

・「理由」つまり、なぜそれをしなければならないのか
・「効果」つまり、それを行うとどのような（良い）効果があるのか

を説明できるものであること。さらに、

・「中身」つまり、「○○」の内容が適切で、なおかつ、相談者が実行できる程度に具体的、かつ、わかりやすいものか

これらが揃うことで、相談者に受け入れてもらえる効果的な方策になります。

⑮　「あれもこれも」ではなく、「あれとこれ」

相談者の話を聞いていると、発想が豊かなキャリアコンサルタントほど、問題も目標も方策もあれこれたくさん浮かんできます。

とはいえ、できることは限られています。やるべきことがあまりにも多くて、それに圧倒されて何も手が付けられなくなってしまっては本末転倒です。相談者が抱えきれるボリュームに抑えること、いろいろ考え

うることの中で「まずは」どこから働きかければ効果が大きいか、どこからであれば相談者がスムーズに取り掛かれるか、などを勘案しながら、相談者に確認しながら、ポイントを絞って、順を追って着実に取り組んでいけるように進めていきましょう。

⑯　大切なのは「相談者のためになるか」

面接には決まった進め方はありませんし、絶対の対応というものもありません。ただ、1つ指針になるものがあるとすれば、それは「相談者のためになっているか」です。それも「相談者のためになっている『はず』だ」というキャリアコンサルタントの独りよがりの判断ではなく、実際に相談者本人にとって「ためになっている」ことです。

そのためには、どうすることが相談者のためになるのかを考えて支援を進めるとともに、都度本人にも確認して、「合意」、「共有」しながら進めていくことが大切です。その姿勢に、相談者も自分が尊重されている、大切にされていることを感じて力を得るのではないでしょうか。

少なくとも、相談者が面接から帰る時には、来談前よりも少しでも気持ちが落ち着いたり、元気になったりしてもらえるような面接を行いたいものですね。

12 ついやってしまいがち！対応の注意点

これまで多くの受検者を見てきた中で気付いた、ついやってしまいがちな、受検者としてふさわしくない対応がいくつかありますので、注意点としてご紹介します。ご自身がロールプレイに臨む際にやってしまっていないか、確認してみてください。

①　試験が始まる前から、相談者を決め付けてしまう

相談者役は、受検者を受検室に誘導してくれる試験係員がそのまま担うことが多いです。そこで、係員を見て「これは○○さんに違いない」と決め付けてしまうという受検者がいます。そうすると、試験開始後に名札を見て違う人だとわかったときに動揺したり、頭の切り替えができなかったりして、面接の進行に影響してしまうということにもなりかねません。

係員を見て、男女の区別くらいはつくかもしれませんが、年齢層は微妙なところがあります。心の準備のためにあたりをつけておくのは悪くないですが、名札を見た瞬間「違った！」とパニックになってしまわないよう、「○○さんに違いない」とは決め付けず、他の人である可能性（場合によっては入室直前、別の人に入れ替わる可能性）も頭に入れておくことをお勧めします。

②　あらかじめ決めた手順に沿って進めようとする

「○○を聞いたら、次は○○を聞いて…10 分くらいになったら要約して…」というように、あらかじめ面接の進行手順を決めて、それに沿って面接を進めようする方もときどき見受けます。構造的に面接を進めるというのとは少し違うようです。そのように進めるのは、相談者のため

というよりは、キャリアコンサルタントが安心したいから、という理由のことが多いです。

キャリアコンサルタントの用意した手順で進めていくと、相談者がキャリアコンサルタントに合わせることになり、自由に話すことも内省することも難しくなります。また、やりとりも一問一答的なものが多くなり、面接が手詰まりになってしまうこともあります。

構造的な面接を進められることは大切ですが、それは、ここで言うキャリアコンサルタントが自分の都合で面接を進めていくこととは異なります。キャリアコンサルタントとして、相談者主導の面接を心掛けるようにしたいものです。

③　あらかじめ用意したシナリオに合わせて進めようとする

２級キャリアコンサルティング技能検定では、相談者の情報が事前に送られてきます。

内容を分析する時間が十分にあるため、相談者や相談内容についてあれこれ想定して、「この相談者はこういう人で、問題はこういうことだから、このように進めればよい」、と決め込んで、そのシナリオに沿った面接を進めようと考えてしまいがちです。

しかし、そのように決め込んでしまうと、事前のシナリオに合うような情報のみを得ようとする（関係なさそうなことには触れさせない）、対話が深まる前に「問題は○○ですね」と決め付けてしまうなど、キャリアコンサルタントが進めたいように進めてしまうため、相談者の本当に相談したいことが相談できないまま面接が進行してしまうことになります。これでは、相談者の支援にはなりません。

事前にどれだけ想定・分析をしても想定外のことは起こります。キャリアコンサルタントが支援するのは想像上の相談者ではなく、目の前にいる生身の相談者です。実際の相談者を知ろうとする姿勢が求められます。

また、事前にロールプレイの練習をすることもあると思いますが、練習で相談者役が言っていたことと、実際の試験の相談者役が言っていることを混在させないように気を付けましょう。練習を重ねると、練習時に相談者役が言っていたことが、あたかも実際の相談者役の設定のように思えてしまうことがあります。

いずれにしても、面接試験が始まったら事前に詰め込んだ情報はいったん脇に置いて、目の前の相談者の言っていることをしっかりと受け止めましょう。

④　共感のつもりが、主観が入りすぎている

相談者への共感は大切です。しかし、共感を意識するあまり、相談者の気持ちだと思い込んで、キャリアコンサルタントが自分の気持ちを相談者に押し付けているというケースも見られます。

例えば、相談者が「不安なんです」と言ったとしたら、相談者が「不安」だと思っていることは受け取り、伝え返してよいのですが、共感を意識するあまり、「そんなことがあったら、○○で○○な気持ちになってしまいますね。つらいですね～！」などと相談者が伝えている以外のことを必要以上に付け加えてたたみ掛けてしまう、というようなケースです。これでは相談者自身の気持ちというよりは、相談者の言葉を聞いてキャリアコンサルタントが考えた、キャリアコンサルタント自身の気持ちになってしまっています。

それが相談者の気持ちと合っていれば、相談者にとってはより深く「わかってもらえた」という気持ちや、気付きにもつながるかもしれないのですが、実際はキャリアコンサルタントの「主観」であるため、相談者の気持ちと乖離していることが多いです。

このような場合、相談者からすると、「そこまでじゃないんだけどなぁ…」と温度差を感じてしまいます。また、相談者が一言言ったら、キャリアコンサルタントからたくさんの言葉が返ってくるので話しにくさを感じる相談者もいます。さらに良くないのは、相談者が「そうか、自分って、つらいのかもしれない」など、「そんな気にさせられてしまう」ことです。相談に来ているのに、余計な悩みや不安を植え付けられてしまうという事態が起きてしまう場合もあります。

このような癖のある方は、普段から相手がどんな気持ちでいるのかをよく考える習慣があるのかもしれません。常に相手を慮っているともいえるかもしれません。とはいえ、共感は、「相談者の気持ち」を「相談者の枠組み」で理解することでしたね。自分の考察はいったん脇に置いて、相談者の気持ちにフォーカスした、シンプルな応答を心掛けましょう。

⑤　むやみにほめる

信頼関係を築くために相手をほめるとよい、という話を聞かれたことがある方もいるかもしれません。しかし、むやみにほめればよいというものではありません。それに、ほめるというのも意外に難しいものです。ほめるのが有効なのは、「本人もほめてほしいポイント」であり、「根拠がある」ときです。

ご自身に当てはめて考えてみるとわかりやすいですが、ほめられてうれしくない点をほめられてもうれしくはないですよね。また、根拠のない（少なくとも相談者に納得感のない）ときは、ほめられても関係構築どころか逆に不信感につながってしまいます（他人からほめられること自体に喜びを感じるという方は別かもしれませんが）。

たしかに、信頼関係を築く上でほめることが有効なときもありますが、そのときも実は、ほめてもらうことそのものよりも、「自分のことをわかってくれている（それも、自分が認めてほしいポイントを）」ということから信頼関係ができるのです。これは、「自分のことをわかってくれている」という信頼関係のベースと同じです。つまり、ほめることそのものが信頼関係を築くのではなく、信頼関係を築く一手段になり得るものだと思ってください。熟練レベルのキャリアコンサルタントとしては、相手を持ち上げて気分を良くさせることによってではなく、相談者に「この人は自分のことをわかってくれる」という実感を持ってもらうことから信頼関係を築きたいですね。

また、ほめるということはその対象である言動を強化するメッセージになり、それが相談者を不本意に拘束してしまう場合があります。例えば、「仕事も家事も手一杯でもう大変なんです…」と辛さを訴える相談者に対して、キャリアコンサルタントが「仕事も家事も、がんばっていて、すばらしいですね」などと言ってしまうのがその例です。キャリアコンサルタントとしては悪気がないのかもしれませんが、このように言われてしまうと、「仕事も家事も精一杯がんばる＝よいこと」というメッセージに受け取られてしまい、相談者が本来相談したかった「仕事も家事も手一杯で大変」という話ができなくなってしまう可能性もあります。

これらに限りませんが、キャリアコンサルタントの一挙手一投足が相談者に影響を与えます。ご自身が何を意図して、それが相手にどういう影響を与え得るのかを意識した対応を心掛けたいですね。

⑥　話を広げてしまう・広げられない

面接冒頭では、まずは相談者の「相談したいこと」の理解を深めることが必要です。相談者が何に、どうして困っているのか、その訴えを傾聴技法と明確化によって深めていくような関わりが必要です。このときに、例えば「上司に相談されましたか」、「ご家族はどう言っていますか」など、キャリアコンサルタントのほうからむやみに話を広げてしまい、話が深まらないといった場面がしばしば見られます。

特に、相談者以外のことに焦点を当ててしまうと、相談者の内省を妨げてしまいます。また、一つひとつの話題が深まらないため、一問一答になり、質問することがなくなってしまう、といったことも起きてしまいます。まずは、相談者の枠組みで、相談者の訴えている問題を理解するところが重要です。他の人・モノがどうか、ではなく、「相談者にとって」どうか、を知ろうとすることが大事です。

ただ、いつまでも相談者にフォーカスしているだけでは問題解決は進みません。ある程度相談者とその問題について理解ができたら、次は相談者がいま見えていない（見ていない）ところにも目を向けていく必要があります。このときになってはじめて、相談者以外、例えば、「周囲の環境はどうなっているのだろうか」、「周囲の人はどう言っているのだろうか」など、相談者を取り巻く物事にも意識を向けてもらいます。そうすることで、相談者自身が気付いていないこと、特に、問題に関する重要な情報にも意識がおよび、問題解決に向けた支援が前に進んでいきます。

⑦　解決しようとする・あきらめる

キャリアコンサルタントが相談者の代わりに問題を解決しようとして、あれこれ考え、アドバイスしてしまうといった場面がしばしば見られます。対人援助の仕事をしている方の中には「困っている人を何とかしてあげたい」という気持ちを強く持っている方も多いです。つい「自分が解決してあげなきゃ」と思い行動してしまう、その気持ちもわからなくはありません。ただし、キャリアコンサルティングの目的は「相談者の問題解決の支援」です。解決するのは相談者、キャリアコンサルタントが行うのは側面支援です。過度の介入は相談者の自立を妨げてしまい、かえって相談者のためにならないということを押さえておく必要があります。

一方で、キャリアコンサルタントが解決しようとすることの弊害の別の側面として、「この問題は自分には解決できない」と思うと、その時点であきらめてしまうというケースも見られます。

例えば、「年齢もあって体力の衰えを感じて仕事を続けていくのが難しいと感じています」といった相談の場合です。これまでの試験でも、加齢による体力の低下や視力の衰えで仕事の継続に不安を持つ相談者のケースがありました。こんな相談をされたとき、「そんなこと私に言われてもどうしようもない」とあきらめてしまっていないでしょうか。もちろん、キャリアコンサルタントは医師ではないので、健康上の問題はどうしてあげようもないですし、ましてや加齢に伴う問題は医師でもどうしようもないかもしれません。いずれにしても、医療的なアプローチはキャリアコンサルタントの専門外のため、むしろ余計なことはしてはいけないことでもあります。しかし、そんなことは相談者も承知でしょう。それでもキャリアコンサルタントに相談しに来ているのはどうしてでしょうか。

例えば、体力や視力の衰えは表層的な問題で、その根本にある問題を相談したいのかもしれません（実際に相談者の話をよく聞くと、別の要因による自己効力感の低下や、子供の独立による働く意義の喪失などの問題を抱えているケースもありました）。または、「解決できない問題」であることを前提として、それを踏まえた上で、これからのキャリアを考えたいのかもしれません。

いずれにしても、一見あなたが「自分には解決できない問題」だと思ったとしても、相談者はあなたに「何か」を期待して来談しています。このとき、キャリアコンサルタントとしてなすべきことは、相談者がその話を通して何を訴えているのか、ここに何を相談しにきたのか、などを丁寧に探っていくことです。もちろん、それでもやはり手に負えない問題であれば、リファーするなどの対応も実務上では必要です。

⑧　相談者と同じ目線でしか考えられない

例えば、相談者が「AかBかで迷っています」と言ったとします。こんなとき、よくやってしまいがちなのは、「それでは、AとB、それぞれのメリット・デメリットを考えてみましょう」などという対処です。

それが常に悪い訳ではないのですが、ここで考えてみてほしいのは、相談者が問題を抱えている、解決できないのは、そもそも「AかB」で考えているからかも知れない、ということです。もしそうであれば、キャリアコンサルタントまで「AかB」で考えてしまうと、到底良い解決には結び付かなくなります。

ここでキャリアコンサルタントとして考えたいのは、「この相談者は『AかB』と言うが、本当にそうだろうか」ということです。

そうすると、例えば、「他にも、CやD…の選択肢はあるのではないか？（選択肢を広げる）」であるとか、「そもそも『AかB』の問題ではなくて、『どのように働いていくか』の問題ではないか？（問題の意味を考える）」など、相談者が見ているのとは別の角度（視野を広げる、俯瞰するなど）から問題を捉えることができるようになります。つまり、問題の本質を捉えることができます。

共感的理解という意味では、相談者がどのように問題を捉えているのかを知ることは大切です。しかし、そこに留まるだけでなく、一方でキャリアコンサルタントとして、論理的かつ俯瞰的な視点で問題の本質をつかめることが求められています。

⑨ 説得する、強引に押し切ろうとする

面接の中でキャリアコンサルタントが相談者に対して何か働きかけたとき、必ずしも相談者が受け入れてくれるとは限りません。何かしら抵抗されることもあります。そのときにやってはいけないことは、相談者の抵抗を感じながらもそれを無視して話を進めようとすることです。説得したり、強引に押し切ろうとしたりすることです。思い通りにならないことに焦りや苛立ちを感じるかもしれません。ですが、まずは相談者が抵抗している事実を受けとめましょう。そして、そこに何が起こっているのかを確かめます。

例えば、提案に乗ってきてくれないのは、相談者が提案を十分理解できていないのか、理解しているけれども受け入れがたいのか、それとも、キャリアコンサルタントに対して不信感があるのか、などといったことです。

もし、提案自体が相談者にとって受け入れがたいものであれば、それを押し切るのではなく、その気持ちを尊重し、「何が」、「どうして」受け入れがたいのかなどを知っていくこと、その上で対応を考えることが必要です。強引に押し切っても、あまりよい結果にはなりません。なぜなら、実行するのは相談者です。無理やり受け入れさせても、おそらく実行されないでしょう。

また、「提案が受け入れられないのはよくないことだ」と思われる方もいるかもしれません。しかし、キャリアコンサルタントと相談者は別の人間です。いつも意見が合うとは限りません。ですので、キャリアコンサルタントの提案を相談者が受け入れないこと自体は、どれだけ相談者を理解したと思っていても十分起こり得ることです。それよりも、

その後の対処が大切です。意見が合わないならすり合わせて、誤解があるなら訂正して、納得感のある合意点を見出していきます。

強引に押し切るのは、（試験はそれでやり過ごせたとしても）相談者にとっては不全感と不信感の残る対応になってしまいます。

⑩　目標・方策がいつもワンパターン

どのような相談者に対しても、目標や方策がいつもワンパターンというケースもときどき見られます。例えば、「中長期的なキャリア・プランを考えましょう」などです。このこと自体はある相談者にとっては最優先課題かもしれませんし、多くの相談者にとっても「やらないよりやったほうがよい」ことです。ただ、どのような相談者にとっても「最優先でやるべきことか」どうかというと、多くの場合、違います。「最優先でやるべきこと」は相談者によって違うからです。

目標や方策がワンパターンになっている場合、その目標や方策が相談者のためよりもキャリアコンサルタントにとっての「安心できる落としどころ」になっていないでしょうか。自分のために言ってくれていることか、キャリアコンサルタントのための毎回の落としどころかは、相談者には伝わります。後者は「言っていることは間違ってはないけど、しっくりこない」、「なんかあらかじめそこに持っていこうとしていたのではないか」といった感触です。

キャリアコンサルティングにおいて必要な目標・方策は、「誰にでも当てはまる」ものではなく、「この相談（者）ならでは」の目標や方策です。特に近年は、試験でも「それは誰についても言えるよね」というものは、論述・面接とも点数が伸びない傾向にあります。

「この相談者にとっての目標や方策は何か」がそんなにあれこれ思い浮かばないという方は、例えば理論を学び直す、他の人のロールプレイを見て学ぶなどして、レパートリーを増やすことも有効かもしれませんね。

⑪　20分で方策まで進めることを自己目的化してしまう

ロールプレイの20分は決して長くありません。その中で、関係構築から方策の提示まで進めなければと思うとかなり焦ると思います。ただ、絶対に方策まで進めなければならないというものではありません。多くの場合は20分でそこまで行き着かないですし、それでも合格している方はたくさんいます。

相談者は悩みがあって相談に来ている訳ですから、まずは相談者が安心して悩みを話せる場を作る、何に、どうして悩んでいるのかをしっかりと理解することが大事です。

何より、20分で完結させたいというのはキャリアコンサルタントの勝手な都合です。相談者主体というキャリアコンサルティングの本旨からも外れてしまいます。相談者がついてこられなかったり、浅いところでの問題解決行動に留まったりしてしまい、結局は相談者のためになりません。相談者のペースを尊重して、相談者のための相談を行えるようになりたいですね。

13 困った！こんなときどうしよう

面接試験の「困った！」と、その対処方法の一例をお伝えします。

①　相談者から「感情の言葉」が出てこない

ロールプレイの指導などで、よく「感情の言葉を捉えて…」と言われることがあります。たしかに、相談者の気持ちを捉えていくことは大切なので相談者の話の中にある「感情の言葉」を捉えるべく話を聞きます。「悲しい」とか「うれしい」などの発言があれば苦労しないのですが、いつも明確な言葉で語ってくれるとは限りません。

ただ、そのようなときも、例えば非言語の部分や言葉の端々に気持ちが現れている場合もあります。それを捉えて伝え返すのも一つの方法です。

事柄しか話さない人もいます。その場合は、「そのことについてどう思うのか？」と問うことで相談者自身の気持ちに目を向けてもらうよう促していきます。

また、相談者から「感情の言葉」が出てこないとき、「気持ちが大きすぎて、かえって語れなくなっている」などという場合もあります。そんなときは、無理に気持ちを話させるよりは、相談者が自分の気持ちを語れるように、受容的・共感的に接し続けましょう。

他にも、相談の場が相談者にとってはまだ自分の気持ちを安心して話せる場になっていない、という場合もあるでしょう。そうしたときは、より関係構築を意識して、相談者に受容的・共感的に関わることで、相談者にとって安心して話せる場を作っていくことも必要になります。

② 何を質問してよいかわからない

キャリアコンサルティングを進めていく上で、「質問」はとても大切です。一方で、意外に難しくもあります。「どのように」質問するかという技法の問題もありますが、それ以前に「何を」聞いたらよいのかわからないということもありますよね。

特に面接の冒頭では、相談者とその問題を深く知っていくことが目的なので、基本的には相談者の話したことに関して問いを重ねていくことになります。まだまだわからないことだらけなので、本来であれば何かしらの質問は出てきそうなものです。

それでも何も浮かばないという方は、もしかしたら「質問する」こと自体が目的になっていないでしょうか。相談者が話しているときに「次は何を質問しよう」などと考えていると、相談者の話が聞けません。話が聞けていないと、何がわからないのかがわからず、何を聞いてよいかわかりません。結果、適切な質問も浮かばなくなり、とりあえず何か質問して、その間にさらに何か別の質問を考えなければならない、という悪循環になってしまいます。まずは「相談者のことを知りたい」という気持ちをもって、シンプルに相談者の話に耳を傾けましょう。おのずと「これってどういうことだろう」とか「もっと知りたい」ということが出てくるはずです。

③ 相談者に「No」と言われてしまった

例えば、「それってAですよね」と伝えたのに、「そうじゃないです」などと言われてしまったという場合です。せっかく何か伝えたり、提案したりしたのに、相談者が受け入れてくれないと少しがっかりしますよね。しかし、ここであきらめる必要はありません。これはむしろチャンスです。相談者が「Aじゃない」ということは、相談者の中にはAじゃない「何か」があるはずです。それを確認すればよいのです。

相談者からの「No」を受け止めた上で、「Aではないのであれば、何なんだろう？」というところを聞いていくことで、相談者の本当に訴えているところに近付いていけます。

落ち着いて対応しましょう。

もちろん、「No」と言われることがあまり頻繁に続くと「この人はわかりの悪い人だな」などと思われかねないので、ほどほどに。

④　相談者が抵抗する

例えば、目標や方策を提案した時、相談者が受け入れてくれず、抵抗される場合があります。良かれと思って提案したのに、先程の「No」同様、困りますよね。

このとき、まず考えてほしいのは、「なぜ相談者は抵抗しているのか」です。

例えば、以下のようなことが多いです。

・内容が適切でない
・説明が適切でない（相談者が内容を理解できていない）
・プロセスに問題がある（相談者が付いてこられていない）
・関係性がよくない

その上で、抵抗を受け止め（必要であれば不適切な対応を謝罪して）、抵抗の要因に対処します。適切に対応できれば、抵抗は相談者との関係を深めるチャンスにもなります。

逆に、このときやってはいけないことは、抵抗しているのに説得したり、押し切ろうとしたりすること、また、抵抗を受け止めずに話題を変えてしまうことです。これらは、相談者が真に求めていることを知ることを妨げ、相談者に不信感をもたらす対応です。

⑤　相談者が「知らない」「わからない」と言う

キャリアコンサルタントが何かを相談者に投げかけたときに、「知りません」、「わかりません」などと言われたら、キャリアコンサルタントとしては「この質問ははずれかな」などと思ってしまうのですが、必ずしもそうではありません。

実はこの答えで、相談者は「そのことを知らない」、「わかっていない」ということが「わかった」ことになるからです。これは、キャリアコンサルタントにとって相談者理解のための一つの情報です。「そうか。この相談者はこのことを知らないんだな」と理解して、その上で次の一手を考えましょう。

⑥　相談者が怒ってしまった

コミュニケーションとは難しいものです。そのつもりはなくても、ちょっとした一言で相手を怒らせてしまうことがあります。キャリアコンサルティングの場も例外ではありません。何かしらのきっかけで相談者が怒ってしまうこともあります。

そのときするべきことは、まずは謝罪です。こちらに相手の機嫌を損ねた要因があるのであれば、それを謝罪するとともに、同じ過ちを繰り返さないこと。シンプルです。

ただ、何に怒っているのかわからない、勝手に怒り出した（ように見える）など、自分に心当たりや非がないと思われる場合もあります。その際も、まずは謝罪です。

とはいえ、何に怒っているのかはわからないので、謝りようがないという方もいるかもしれません。ただ、相手が自分とかかわる中で何かに気を悪くしていることは確かなので（実務だと全く無関係なことで最初から怒っている人もいますが…）、「気を悪くさせてしまうようなことがあった」ことについては謝罪します。その上で、必要かつ、可能であれば何に気を悪くしているのか確認し、対処を考えていきます。

⑦　気付きを促すためにどうすればよいか

「気付き」は大事だといわれています。相談者の問題解決に役に立つからです。相談者は物事をある一側面からしか見ていないことで、問題を解決できずにいることが多いです。そこで、キャリアコンサルタントは相談者に今まで相談者が見ていない、見えていないところに目を向けてもらえるよう支援します。今までとは違う角度から物事を見られるようになることです。そのためには、相談者の視点・視座・視野を動かしてあげることが必要です。そのための様々な手法の中でも、特に質問が効きます。いわゆる「効果的な質問」というもので、例えば、以下のようなものです。

・具体化する：「具体的には？」「例えば？」
・抽象化する：「要は？」「そもそも？」
・時間軸を動かす：「これまでは？」「今は？」「これからは？」
「このまま続けば？」
・空間を動かす：「ほかの場面では？」「○○の場合はどうですか？」
・選択肢を広げる：「ほかには？」
・選択肢を狭める：「1つ選ぶとしたら？」
・立場を入れ替える：「あなたが○○さんだったら…」
・数値化する：「0～10でいうと何くらいですか？」
・類似：「同じような例はありますか？」
・例外：「～じゃないときはありますか？」「常に（全て）○○なのですか？」
・反対：「逆に～？」
・仮定：「もし～だとしたら？」
・制約解除：「もし～がなければ？」
・目的を問う：「何のために？」
・手段を問う：「どうやって？」

ほかにも様々な質問がありますが、いずれにしても今相談者が見ているところから別のところを見てもらえるよう働きかけるような内容になっています。

質問以外にも明確化やフィードバックなどによって新たな気付きを得ることもあります。また、常に本人に自力で気付いてもらわなければならない訳ではありません。これも時と場合によります。本人の知識やスキルの程度、気付いてほしいことの中身、問題の緊要度などによっては、

㋐示唆する（ほのめかす）、㋑例示する、㋒情報提供する、などもありえます。

⑧　今回の面接には価値があったのだろうか？

相談が終わった後、「この相談は相談者にとって価値があったのか」が気になりますよね。相談者にとっての相談の価値は、相談に来る前と来た後で相談者に何かしらの前向きな変化があったかどうかで測れます。例えば、次のようなことです。

・気持ちが変わった
（気持ちが整理された、前向きになった、など）
・考えていることが変わった
（認知が変わった、考えるべきことがわかった、など）
・行動が変わりそう
（相談室の中では行動を起こせないので、その予兆が見られること）

これらのいずれか、もしくは複数が起こっているかと、それがどの程度かを見ましょう。また、相談が終わったときの相談者の様子にも注目です。相談者が相談に来た時よりも、元気になって帰っていただけるような相談ができるとよいですね。

14 当日までの準備

①　５つのケースの確認

５つのケースが届いたら、５人の相談者の概要をざっと確認します。そして、まずは知らない用語や制度の話題が上っていれば、それを調べておきます。

例えば、「『消費財メーカー』って何だろう？」とか、「『応用生物化学科』って何を学ぶところなんだろう？」とか、「大学３年生の１月って就職活動はどんな時期なんだろう？」、「『産休・育休明けの時短勤務』ってどういうものだろう？」などといったことです。

ケースの確認や知らないことを調べる目的は、相談者や相談内容についての「真実を探る」ことではありません。「しっかりとお話を伺うにあたり最低限知っておくべき情報を調べておく」ためです。どうしてもわからなければ相談者に聞けばよいのですが、何でも聞いていては、それだけで相談者の時間と労力を消費してしまいます。相談者を尊重する意味でも調べればわかることは事前に調べておくことは相談を受ける者としての礼儀でもあります。

②　ロールプレイの練習をする

ロールプレイは人と人とのやり取りなので、やはり机上での準備だけでなく、実際に練習してみることが大事です。事前に下調べや分析を重ねていても、実際には相談者との対話の中でキャリアコンサルティングは進んでいきます。やはり、生身の人間を相手に練習しておく必要があります。また、ロールプレイは行った後、必ず振り返りをして、やりっぱなしにならないようにすることが学びを深めるコツです。

次節でご紹介するような点を意識しながらより質の高い練習を行って

いただければと思います。

③　自身の強みと弱みをつかんで向上に努める

先に、ロールプレイをしたら必ず振り返りをと前述しましたが、振り返りというと、ともすれば、「悪いところ」、「できていないところ」にばかり目が向きがちです。しかし、「良いところ」、「できているところ」もあるはずです。それらの良い面を伸ばしていくことも力量を上げていくためには大切なことです。また、良い・悪いを含めてご自身の持ち味（特徴）を知っておくこと、そして、個性を活かしていくこともキャリアコンサルタントとしての成長に役立つことです。

④　必要な知識やスキルを補完する

事前に下調べなどをしていたとしても、ロールプレイの機会などを通して、「これはどういうことだろう？」、「これも知らなかった」などということも出てきます。その際は、都度必要なことは調べて知識を補完しましょう。また、ロールプレイで 「もっとこんなスキルを磨かなければ」と思ったとしたら、そのスキルの習得にも努め、ブラッシュアップしていきましょう。

ロールプレイは普段からの練習も大切ですが、５つのケースが届いてからでも、試験本番までには時間があります。この時間を有効に使って、練習と振り返り、それを踏まえたブラッシュアップといった準備に努めましょう。

15 ロールプレイ練習のポイント

それでは、ここまでの内容を踏まえて、これから試験に向けてロールプレイの練習をする際のポイントをお伝えします。ぜひ質の高い練習を積み重ねて合格をつかんでください。

①　ロールプレイと口頭試問をセットで練習する

ロールプレイを行う際は口頭試問もセットで練習しましょう。「いつも時間がないので、ロールプレイだけやっておしまい、ということが多い」という方もいます。しかし、繰り返しになりますが、この試験はロールプレイと口頭試問はセットです。

点数は総合的に付けられます。また、口頭試問はロールプレイとの整合性が大切であること、単独では練習できないことなどから、ロールプレイの練習の際に一緒にやらないと練習する機会もなくなってしまいます。

面接試験における口頭試問の比重は決して低くありません。合格するためには、時間がないからこそ、ロールプレイを行う機会を十分に活用していただきたいです。

②　よい相談者役を相手に練習する

ロールプレイの練習を行う際、意外と大事なのが相談者役です。問題の背景や人物像などの設定をしっかりとしてもらうことが大事です。話の前後で矛盾があったり、本人なら当然わかっているであろうことがわからなかったりすると、キャリアコンサルタント役も訳がわからなくなってしまいます。

「この人は考えがまとまっていない人なんだな」、とか、「それほどまでに混乱しているのかな」などと思って関わることも、ある意味では練習になりますが、いつもそればかりでは質の良い練習にはなりません。

また、「このキーワードを言ってくれないと、○○の話はしない」などと勝手に決め込んでロールプレイに臨む相談者役もいますが、相談はクイズではないので、それも不自然です。キャリアコンサルタントの対応にかかわらず、何でも話してくれるのも不自然です。

いずれにしても相談者役の方には、役柄をしっかり作りこむこと、「相談に来た人」として自然なコミュニケーションを心がけてもらえるようにお願いしておきましょう。

③　フィードバックやアドバイスとの付き合い方

試験対策をしていると、他の方からのフィードバックやアドバイスは気になりますよね。人の意見に素直に耳を貸す姿勢は大切です。ただ、フィードバックにしてもアドバイスも、あくまで一人の人間の一つの意見であることも心に留めておく必要があります。

例えば、フィードバックで「あのときは○○って言ってほしかった」と言われたとします。たしかに、その人にとってはそうかもしれませんが、他の人ではどうでしょう？　また、アドバイスとして、例えば家族の話で、ある人は「家族のことは重要だから必ず聞くように」と言い、また別の人は「家族のことはむやみに聞かないほうがよい」と言う。

そんなとき、どう思われますか？　迷いますよね。

「○○しなさい」。「○○してはいけない」といったような言葉を聞くと、何かを「する」、「しない」という行動面だけに気を取られがちです。しかし、そんなときは「どうしてそうなのか」という根拠を確認しましょう。

特に、アドバイスの内容に戸惑ったりしたときほど、何をするか（しないか）の前に、「なぜこの人（アドバイスする人）は、そうする（しない）ようにと言うのか？」を考えてみてください。わからなければ当人に聞いてみましょう。「なぜそのようにする（しない）のか」、根拠やアドバイスの元になる考え方がわかれば、アドバイスの真意がわかります（その意味では、根拠のはっきりしないアドバイスはあまり信憑性がない、ということかもしれません）。そして、そこが理解（納得）できれば、自分でも「では、次はどうすればよいか」もわかってくると思います。

また、技法の活用については、面接のどのフェーズかにより、使うべき技法が変化していきます。同じ技法でも面接のフェーズ（序盤か中盤か後半か）で有効性は変わってきます。ですので、技法の使用に関するアドバイスについては、「面接のどの段階では」ということも併せて理解することが効果的です。

④　都市伝説との付き合い方

この試験にかかわらず、資格試験には「都市伝説」的な噂はつきものです。巷でいわれている「あれ」って本当なの？というご質問をときどきいただきます。

例えば、「○○については必ず聞かないといけない」とか「初回面接では○○してはいけない」といった面接対応に関するものから、「相談者は自分と一番属性の遠い人が当たるらしい」とか「男性には女性の、女性には男性のクライアント役が当たるらしい」といった試験の運営に関することまで内容は様々です。

明らかに「それはないでしょう」というものから、「それは、あるかもしれない」というものまでありますが、いずれも真偽はわかりません。

いずれにしても、熟練のキャリアコンサルタントとしては、どんな人が来ても、どんな話題が出ても、目の前の相談者に誠実に向き合っていくことが基本ですよね。

……………………………………………………………………

以上、面接試験にあたってのポイントを概観してきました。

ここで再度確認しておきたいことは、面接は毎回、相談者とキャリアコンサルタントの間で行われている個別性の高い関わりであるということです。「こうすれば絶対うまくいく」という法則やテクニックはありません。ここでご紹介してきたことも、キャリアコンサルティングを進めていく上での基本的な項目の確認を主眼にしています。

もちろん、技能検定は試験なので、試験として知っておくべきポイントや合格のためのコツはありますが、読者の皆さんには、本書を活用することにより、「合格のテクニック」の習得ではなく、しっかりと「熟練レベルのキャリアコンサルタント」としての力量を身に付けていただき、相談者のためになる面接を行えるようになり、その結果として試験にも「合格」できるということであってほしいと願います。

第6章

口頭試問

1　口頭試問の内容とポイント

20分のロールプレイが終わるとそのまま口頭試問に入ります。口頭試問では、受検者が客観的に面接を振り返ることができているか、そして、それを適切に説明できるか、といった点が見られています。20分のロールプレイを補完するものだと考えてください。

面接の中では話が行ったり来たりすることもあります。その行ったり来たりの中にちりばめられた重要な要素を整理して、試験官と共有していきます。また、面接の中でできたことをアピールするとともに、面接中には行うことのできなかった（でも、やろうと思っていた）ことを伝える場でもあります。さらには、試験官が外から見ているだけではわからない、受検者の「意図」を伝えるための場でもあります。皆さんにはこれらの点をしっかりと試験官に伝えていただきたいです。

ちなみに、この口頭試問は、評価区分でいう、「基本的態度」、「関係構築力」、「問題把握力」、「具体的展開力」のそれぞれに関する質問項目で構成されています。したがって、口頭試問での回答はそれぞれの項目の点数にも関連してきます。面接の中では伸ばしきれなかった点数を伸ばすチャンスとなります。また、口頭試問そのものが「自分の面接を客観的に振り返れているか」を見るものですので、とりわけ「基本的態度」との関連性が高いです。これまで「基本的態度」の点数がイマイチ良くないという方は、口頭試問の対応を見直してみるとよいかもしれません。

本章では口頭試問の内容とポイントについて見ていきます。受検者の中には「口頭試問が苦手」という方も多いですが、ここでポイントを押さえていただくことで答えやすくなってくると思います。

（1）口頭試問の内容

口頭試問の時間は10分です。ただ、会場によっては10分より前に切り上げるように言われたり、まだ10分が経過していないのにベルが鳴ったりすることもあるようなので、あくまでも目安程度に考えておくとよいでしょう。

そして、口頭試問の内容は、評価区分（基本的態度、関係構築力、問題把握力、具体的展開力）に準じています。ただし、聞かれる順番はこの通りとは限りません。ただ、ここではポイントを理解していただくために、評価項目の順番に沿って具体的に質問内容を見ていきましょう（カッコ内は関連する評価区分です）。

また、質問の聞かれ方も少しずつ変化してきているので、同じような質問についてはまとめて記載しています。聞かれ方は違いますが、見ているポイントは同じだと思って要点をつかんでください。

① 「今回のロールプレイを振り返って良かった点と、改善したい点は何ですか？」
「キャリアコンサルタントとしてできたところ、できなかったところは何ですか？」（基本的態度）

受検者自身が自分の行ったロールプレイを客観的に振り返ることができているかを問う質問です。評価区分の「基本的態度」に関連しています。

まず、「良かった点（できたところ）」では、ロールプレイの中で良くできたと思えるところをしっかりアピールしましょう。もちろん、客観的に見ても「たしかにそこはできていた」と思ってもらえるようなポイントを挙げることが大切です。

ときどき、関係構築に関することを答える受検者もいるのですが、関係構築は②で別途聞かれます。同じような答えになってしまうともったいないので、なるべく②で答える内容とは重ならないこと（面接の進め方や相談者との関わりなど）を挙げたほうがよさそうです。
また、「良かった点（できたところ）」だけでなく、「どうしてそれが良かった（できた）ところと言えるのか」という点も付け加えてもよいでしょう。例えば、「良かった点は○○。それをすることによって～」というような形です。「～」の部分は、「○○」することによって、面接に与えた良い影響について述べます。

一方、「改善したい点（できなかったところ）」については、ロールプレイの中でよくできなかったところを正直に振り返ります。試験でわざわざ自分のできなかったことをアピールするようで抵抗を感じる方もいるかもしれません。もちろん、試験なので、できないよりはできたほうが良かった訳ですが、どんな面接でも100%できたなんてことはありません。言ってみれば、どんな面接にもさらに良くする余地はあります。そういった意味でも、キャリアコンサルタントとして謙虚に自分を振り返る姿勢と、うまくできなかったときにそのことを率直に振り返ることができることが大切なのです。
そうはいっても、ただ「○○ができませんでした」と答えるだけでは物足りません。「本当は何をどうしたかったのか（どうすべきだったのか）」（あるべき姿）、そして、「今後（改善のために）何をどうしていこうと思っているのか」（改善策）をセットで答えられると、試験官にも「この受検者なら次は今回の課題を克服してより良い面接ができるようになるだろう」と思ってもらえて、良い評価につながりやすくなるでしょう。

なお、ここでは「良かった点（できたところ）」と「改善したい点（できなかったところ）」の双方を聞かれているのですが、緊張していたりして、どちらかだけしか答えていない受検者がときどきいます。落ち着いて質問をよく聞いて、質問の趣旨に沿った回答をしましょう。

②「相談者との関係構築のためどのように関わりましたか？」
「相談者との関係構築のために心掛けたことは何ですか？」
（関係構築力）

関係構築に関する質問です。関係構築のために具体的にどのような働きかけをしたかが問われています。言い換えれば、キャリアコンサルタントとして何をすることによって相談者との関係を構築したか、ということです。

ちなみに、以前は、「関係構築はどの程度できましたか。根拠も含めてお話しください」というような質問でしたが最近はあまりこの聞き方はされません。関係構築ができたかどうかを尋ねている訳ですが、この質問では「関係構築ができたかどうか」はわかりますが、「なぜそれができたのか」まではわかりませんでした。関係構築ができたかどうかというのは、必ずしもキャリアコンサルタントの力量によるものではないかもしれません（たまたま相性が良かったとか、相談者の関係構築力が高かったとか、キャリアコンサルタントの力量とは関係ない要素が働いているかもしれません）。

そこで、熟練レベルのキャリアコンサルタントとして、意図的に関係を築く力を持っているのかを見るために、質問の内容が変更されてきたと考えられます。ですので、ここではキャリアコンサルタントとして関係構築のために何を意識して関わったのか、意図的に関わった内容（そして、その結果関係構築ができたこと）を伝えてください。

③「相談者が相談したかった問題は何ですか？」（問題把握力）

論述の「問１」で答えるような内容です。相談者の訴えていた内容をまとめる形で答えます。面接の過程で相談者の相談したいことを要約して、「○○さんが相談したいことは、～ということですね」などと確認して合意を取っておくと、そのまま口頭試問でも使えて、答えやすくなります。

④「キャリアコンサルタントとして、あなたが考える相談者の問題は何ですか？」（問題把握力）

論述の「問2」で答えるような内容です。受検者が面接の中で捉えた、相談者が気付いていない本質的な問題を答えます。これも論述同様、キャリア形成の視点や相談者の感情・思考・行動、環境との関わりなどから問題を捉えましょう。そして、問題を指摘するだけでなく、その根拠（相談者の発言、表情や態度など非言語表現、面接過程で聞き取った事実など）も併せて答えられるようにしましょう。これがないと受検者の決め付け（思い込み）とみなされる可能性もあります。これも論述と同様です。

そして、ここで捉えられる問題は複数あります。面接過程で捉えた問題を抜け漏れなく伝えられるようにしましょう。

なお、③と④は別々に聞かれることもあれば、一緒に聞かれることもあります。いずれにしても、双方を混同しないようにしましょう。そして、一緒に聞かれたときは、しっかりと③、④の双方について答えられるように気を付けてください。

⑤「この相談を今後どのように進めていきますか？」

「相談者を援助するため、㋐どこに目標をおいて、㋑どういうことを実施したいですか。あなたの具体的な方策をお話しください。」（具体的展開力）

論述の「問3」に相当する内容です。今後の相談の進め方についてご自身のプランを話してください。その際、㋐目標とそのための㋑方策の双方について答えましょう。目標と方策が混在した答え方にならないよう注意が必要です。不安な場合は「目標は〜。そのための方策は〜。」と切り分けて話すのも一つの方法です。

そして、これらを答える際に意識しておきたいポイントがあります。

1点目は、目標は相談者の悩み（問題）を解決するものになっていること。相談者自身が、自分の悩みが解決すると思えなければ方策に取り組んでもらえません。もちろん、相談者の言うことだけを取り上げるだけでは物足りず、キャリアコンサルタントとしてより幅広く問題を捉えた上で、(キャリアコンサルタント視点の問題も踏まえた）目標設定ができることが必要です。

2点目は、目標は、短期的な目標と中長期的な目標、双方を視野に入れて考えることです。面接の際は、目先の話（短期目標）だけで終わってしまうかもしれません。ただ、実務上はその後も面接が続きますので、しっかりと中長期的な視点も含めた話を進めていく必要があります。ですので、もし可能であれば、きちんとそのことを理解しているということを試験官に伝えていきます。そこで、目標については「短期的には～。長期的には～。」というように分けて答えると、言い忘れを防ぎやすくなるかもしれません。

3点目は、方策はキャリアコンサルタントとして捉えた問題をきちんと解決するものにすることです。言い方を変えると、④「キャリアコンサルタントとして捉えた問題」と、ここでの「方策」に整合性があることが必要です。④はそもそも相談者の目標達成を阻害している要因として取り上げているので、これらを解決していくことは相談者の目標達成には不可欠なことです。

いずれにしても、⑤の質問は、20分のロールプレイの中ではできなかったことをフォローするチャンスです。やろうと思っていたことに関してしっかり伝えましょう。そして、それに対して試験官に「なるほど。たしかにその通りに進めれば、相談者にとって適切な支援になりそうだ」と思ってもらえれば、面接だけでは足りなかった「具体的展開力」の点数を挽回することにつながります。

（2）口頭試問対策のポイント

①　基本の型を押さえましょう

口頭試問における質問の内容は、これまで大きく変わってはいません。

(1) で解説したようなことが聞かれると思って、質問の内容や回答のポイントを押さえておきましょう。

ただ、第25回試験以降は、㋐質問の順番が変わったり、㋑質問のされ方が変わったり、㋒上記にない追加の質問が加わったりすることもあるようです。

とはいえ、いずれにしても聞かれている内容（趣旨）に大きな違いはありません。各評価区分に関連することが問われます。質問をよく聞いて、落ち着いて答えましょう。また、㋒の追加の質問は、「もう少しわかるように説明してくれたら点数をあげられるから、がんばって答えて」という趣旨での「助け舟」であることが多いようです。ですので、予想外の質問で驚くかもしれませんが、試験官が与えてくれたチャンスだと前向きに捉えて、落ち着いてしっかり対応しましょう。

② 口頭試問の時間は10分。ですが…

口頭試問の時間は10分といわれていますが、会場によっては（後ろがつかえているから？）、それより前（6分程度）で終了のベルが鳴ったり、答えている最中に試験官から「簡潔に（手短に）話してください」とせかされる（ように感じる）声掛けがあったりします。

実際にもう受検室の外で次の受検者が待っていて、時間が押しているため、試験官から「もう次の方が来ているので…」と言われたという受検者もいます。たしかに、このように言われると焦りますが、時間内であれば必要以上に焦る必要はありません。落ち着いて対応しましょう。ただ、普段から話が冗長だったり、取り留めなく話してしまうような癖がある方は、普段の練習で、簡潔に答える習慣を身に付けておくとよいでしょう。

③ 30分試験だと思って準備をしましょう

面接試験はロールプレイがメインで、口頭試問はおまけ程度に考えている受検者もときどきいますが、どちらも試験としての重要度は変わりません。この面接試験は「20分のロールプレイ試験」ではなく、「ロールプレイと口頭試問の30分試験」だという認識を持つことが必要です。そして、ロールプレイと口頭試問の内容は密接に関連しているため、別々に練習することは難しいです。練習をするとすれば、ロールプレイと口頭試問は一緒に練習しておくことが必要です。また、ロールプレイから口頭試問への頭の切り替えが難しいとの声もよく聞きます。これも日頃から練習して頭の切り替えに慣れておかないと難しいところがあります。ですので、時間的な制約はあるかもしれませんが、普段の練習時から、できる限りロールプレイと口頭試問をセットで行うようにしましょう。

④　口頭試問の見通しをもって面接を進めましょう

③とも重なりますが、面接試験は口頭試問も含めて完結するものです。面接で全てが完結する必要はありません。口頭試問も含めてある程度の見通しが得られたらよい訳です。中には、20分のロールプレイの中で方策まで到達しなければいけないと思い、焦って面接を進めている受検者も見受けられます。

もちろん、それでうまくいけばよいのですが、20分で完結させること自体を目的にする必要はありません。それよりは、しっかりと相談者との関係構築や問題把握を丁寧に行いながら進めていくほうが結果として良い支援ができます。

また、時間が足りなかった部分については口頭試問でフォローすることができる面もあります。ですので、せめて20分の中で何ができていたら口頭試問にうまくつなげられるか、口頭試問へのつなぎを意識しながら面接を進めていくとよいでしょう。

2 口頭試問の具体例

では、次は口頭試問の具体的な応答例を見ながらイメージを深めていきましょう。先のロールプレイ事例（宮田 亮さんの適切に展開した例。191 ページ）を用いて説明をしていきます。

要改善例・よい解答例、双方を見ながら、解答のポイントを実感してください。

①「キャリアコンサルタントとしてできたところと、できなかったところは何ですか？」（基本的態度）

≪改善が必要な例≫

「はじめての受検で緊張しましたが、がんばって相談者に寄り添ったことで、よい関係が築けました。…」

㋐「緊張しましたが…」は、「振り返り」ではなく「感想」です。口頭試問では基本的に感想は不要です。

㋑「がんばって相談者に寄り添って…」には具体性がありません。相談者の「何」に、「どのように」寄り添ったのか、さらにいえば、それは「何を意図」して、それを行った結果どういう「効果」があったのか、まで考えて話せる必要があります。

㋒「関係が築けた」は関係構築に関することですが、これは別途質問されます。そのとき、「先にも言いましたが…」となると非常にもったいないですね。ここでは、関係構築とは別のことを挙げたほうがよいかもしれません。

㋓「できなかったところ」に関する言及が抜けています。実はこれ、緊張しているとついついやってしまう方が多いです。練習時から「できたところ」を「できなかったところ」はセットで考える癖を付けておきましょう。

≪解答例≫

「今回の面接でできたところは、宮田さんの気持ちを傾聴していき、『どうなんだろう』という不明確な気持ちを明確化することで、次の仕事が『わからない』、『やっていけるのか』という自信のなさや不安、『ビジョンがなくなってしまった』というショックをくみ取ることができたことです。一方、できなかったところは、宮田さんの気持ちを傾聴し、仕事内容も詳しく聞くこともでき、『今後の方向性がわかるように』という目標のところまで話はできたのですが、具体的な方策の話まで時間内にできなかったところです。面接の途中で同じような話を繰り返す場面もあったことも一因だと思いますので、そこは改善していきたいと考えています」

②「相談者との関係構築のために心掛けたことは何ですか？」（関係構築力）

≪改善が必要な例≫

「先ほども言いましたが、相談者に寄り添うことで関係を築けました」

㋐ 先に関係構築の話をしてしまったので、「先ほども言いましたが…」と同じことを繰り返すだけの応答になってしまっています。もちろん、同じことを2回聞くためにこの設問を設けている訳ではないので、やはり先の設問では関係構築以外のこと、もしくは関係構築の話をするにしても切り口を変えるなどの対応が必要です。

そして、㋑ やはり、応答に具体性がありません。何を意識して関わったから、関係構築につながったのか、そこを具体的に答える必要があります。

≪解答例≫

「相談者との関係構築のために心掛けたことは、宮田さんのお話について、その事柄だけでなく、気持ちを十分に傾聴し、しっかりと理解した上で、理解したことを伝え返す、といったことです。とくに、宮田さんの抱える不明確な気持ちの明確化、今の営業の仕事についての思いや、物流部門への異動についての思いを理解するための問い掛けや、それに対して理解を示す応答を繰り返すことで、それぞれの内容だけでなく、宮田さんにとっての意味についてまで理解することができました。それが今回、宮田さんとの関係の構築につながったと考えています」

③ 「相談者が相談したかった問題は何ですか？」（問題把握力）

≪改善が必要な例≫

「相談者は、26年間やってきた営業から、急に物流部門に異動することになって、とても不安になっていることです」

㋐ 端的にまとめていますが、「営業から物流に異動になった」という事実だけでなく、相談者がこれまで営業を「がんばって」、「実績も出してきた」こと、「次は部長に」と考えていた中での異動であったことなど、相談者にとってのこの異動の意味を含めて答えるほうが、相談者にとっての問題の意味が伝わります。

㋑「とても不安になっている」というのは、相談者の言葉ではなく、キャリアコンサルタントが勝手に付け足した言葉です。勝手に言葉を変えると、相談者の相談したいこととは意味が変わってしまいます。相談者の問題は相談者の言葉で答えるのがポイントです。

≪解答例≫

「相談者が相談したかった問題は、これまで26年間ずっと営業でがんばって、実績も上げて、課長にもなり、今後は部長にと目標をもってやってきた中で、今回突然異動という話になった。全く知らない仕事で、ビジョンもなくなってしまう、次の仕事もできるのかと不安もある中で、どうしてよいかわからない、心の整理がつかない、ということでした」

④「キャリアコンサルタントとして、あなたが考える相談者の問題は何ですか？」（問題把握力）

≪改善が必要な例≫

「『自己理解不足』と『仕事理解不足』と『キャリアプランが不明確』なことです」

㋐ 問題点の指摘に留まり、根拠がありません。そのため、キャリアコンサルタントの決め付けとみなされかねません。

㋑ また、「自己理解」、「仕事理解」などのよくある問題点の場合、しっかりと根拠を示さなければ、「解答」ありきで、それに当てはめて答えているとみなされかねません。

≪解答例≫

「キャリアコンサルタントとして、私が捉えた問題は大きく次の3点です。㋐ 宮田さんは、必要な情報を得られないまま、しかも、情報を持っている人が周囲にいるにもかかわらず、情報を得ないまま『どうしよう』と悩み続けています。このことから、周囲のリソースの活用不足、という問題があると考えられます。次に、㋑ 宮田さんは26年間営業をがんばってやってきました。その中では、わからない仕事や思い通りにいかない仕事もあったことかと思います。そして、それを乗り越えた経験もあるはずです。しかし、今回、『急に違う仕事で不安』というのは、ご自身の乗り越える力を信じることや、やっていけるという自信を持つことができない、自己効力感の問題があるのではと考えます。そして、㋒ 新しい仕事について、同じ会社で聞ける人もいるのに『仕事内容を知らない』、初めてのことで『わからない』と言っています。そして、それを知ろうとしていなかった、というところから、仕事理解不足の問題もあると考えます。以上3点が、私、キャリアコンサルタントが考える相談者の問題です」

⑤ 「この相談を今後どのように進めていきますか？」（具体的展開力）

≪改善が必要な例≫

「自己理解と仕事理解を深めて、中長期のキャリアプランを立てます」

㋐ ここでも、内容に具体性がないため点数にはつながりにくいです。また、これだと「事前に考えてきたことを当てはめている」とみなされても仕方ありません。「この相談者（問題）ならでは」の目標・方策を具体的に示す必要があります。

㋑「目標」と「方策」の区分が不明確です。この例だと、いずれも「方策」です。これらを行うことでどこを目指すのか（目標）も併せて示す必要があります。

また、㋒「目標」と「方策」に整合性があることも必要です。

≪解答例≫

「目標は、宮田さんも面接の中で言っていましたが、26年間やってきた仕事がなくなったとき、『どういう気持ちで、どういう方向性でがんばっていくのか』と明確にしていくこと、これを目標にしていきます。それにあたっての方策ですが、まずは、先ほどは話の途中になってしまっていたので、再度、相談者に目標を確認した上で、宮田さんが、㋐

周囲の方、役職をもって異動をしたことのある方に、どういう心持ちで、どのように仕事をすればよいのかを聞く、㋑ 物流の仕事がわからないとのことだったので、物流の部門の方、例えば、今の物流の課長、などに物流の仕事がどういう仕事かを聞く、また、㋒ 今回の異動の意図をわかりそうな方、上司は『どうしてだろうね』だったので、その上の上司であるとか、人事とか、わかりそうな方に聞く。これらを踏まえて、㋓ 今後、宮田さんがどのようなビジョンをもって臨んでいくのか、ビジョンの立て直しまでサポートしたいと考えています」

3 口頭試問の演習

それでは、次はロールプレイの逐語記録から皆さん自身で応答を考えてみてください。そうすることでポイントが実感できると思います。

ここでは、中村麻里さんの逐語記録（220ページ）を読んで下記の設問に答えてみてください。

なお、口頭試問の解答は実際には話すものですが、ポイントを可視化するために今回は枠内に記載してみてください。

① 「キャリアコンサルタントとして、できたところとできなかったところは何ですか？」（基本的態度）

② 「相談者との関係構築のために心掛けたことはなんですか？」（関係構築力）

③ 「相談者が相談したかった問題は何ですか？」（問題把握力）

④「キャリアコンサルタントとして、あなたが考える相談者の問題は何ですか？」（問題把握力）

⑤「この相談を今後どのように進めてきますか」（具体的展開力）

【解説・解答例】

① 「できたことは、中村さんの仕事や家族に関する悩みをじっくり傾聴することで、解決を急ぐのではなく、中村さんに何が起こっているのか、内的世界をくみ取っていけたことです。一方、できなかったこととしては、今回の面接で状況が何か大きく改善した訳ではなく、『楽しんで生きる』という目標も、『スポーツをする』という方策も立てはしましたが、漠然としていて、これが本当に相談者の悩みの解決につながるか、深く話をするところまでできなかったことです。できれば、より具体的な目標、スモールステップでの目標、それに対する具体的な方策の話までできたら、なおよかったと思います」

② 「相談者との関係構築のために心掛けたことは、極力中村さんの世界観、気持ちに寄り添いながら、今どのように思っているのか、過去どのように思っていたのかなど、中村さんの内的世界を理解するための質問を投げかけたり、それらに理解を示したり、といったことです。これらにより、中村さんとの関係を作っていきました」

③ 「相談者が相談したかったことは、最近景気の動向もあり、周囲からの倒産などの悪い噂が原因で、百貨店の仕事に漠然とした不安を感じている。また、母が入院し、これまでの『支えてもらう』立場から『支える』立場への変化を感じて、それにも漠然とした不安を感じている。これらの漠然とした不安を何とかしたい、ということです」

④ 「キャリアコンサルタントとして、私が捉えた問題は、次の４点です。まず、㋐ 相談者は『年齢を経ることにより起こる変化』というものがあることを理解せずに、振り返ることをしないまま来てしまい、今回、突然変化が起こったと感じ、対処できないでいる。自己理解不足の問題があると考えます。㋑ ご自身では『楽観的に生きて来た』とは言っていたものの、今回の状況の変化に対して、真正面に受け止めてしまって、『乗り越えられない』と感じている。自己効力感の問

題もあると考えます。また、㋒ 仕事について、噂や思い込みで不安を感じており、実際に上司や経理などに実際のところどうなのか確認していない可能性もあることから、仕事理解の不足を感じる。そして、㋓ 今回の変化のあと、どうしていきたいのか、何を大切に生きていきたいのか、ビジョンの不明瞭さも感じる。以上 4 点が、私、キャリアコンサルタントが考える相談者の問題です」

⑤ 「今回の 20 分の面接の中では、『余裕をもって』、『楽しみながら生きる』という話までできました。しかし、目標が抽象的だったので、それを達成するためにプライベートや仕事で何があればよいのか、さらにスモールステップでの目標を立て、それらに対して具体的な行動をとれるように支援していこうと考えています。具体的には、面接をさらに進める中で、自己理解、仕事理解についての支援、そして、必要な情報提供などを行っていきながら、中村さん自身が先程の『スポーツをする』以外にも具体的な行動を考えて、それを実行できるよう支援していきます」

ここに挙げている応答例は模範解答ではありません。あくまで一例として、皆さんの考えた解答と比較して、「どこが」、「どのように」、「どうして」違うのかを考えて、今後の参考にしてください。

4 口頭試問で大切なこと

ここまで、口頭試問について解説してきました。面接試験では、20分のロールプレイのみに意識が向きがちですが、口頭試問も試験の中では同じくらい重要な要素です。

口頭試問の質問は４つの評価区分（基本的態度、関係構築力、問題把握力、具体的展開力）に則って行われます。答える際も、それを意識しながら進めていきます。特に、面接の進め方、面接の中での相談者との関わりにおけるキャリアコンサルタントとしての意図が伝わるような応答を心掛けましょう。

そして、口頭試問において意識していただきたいのは、ロールプレイで行っていたことと口頭試問で言っていることとの整合性です。そのため、面接試験の練習の際は口頭試問の練習も行うこと、そして、口頭試問は応答の中身と合わせて、ロールプレイの内容との整合性をチェックすることをお勧めします。

また、口頭試問の応答にあたっては、しっかりと必要な根拠を示す必要があります。根拠のない応答は「決め付け」や「当てはめ」だとみなされかねません。しっかりと根拠を示すことで、そして、ロールプレイの内容と合致していることで、試験官にも「たしかにその通り」と思ってもらえるような応答ができるとよいですね。

口頭試問では自分が何を話すかばかりに意識が集中しがちですが、口頭試問も一つのコミュニケーションです。わかりやすく、伝えたいことが伝わるように話すと同時に、試験官が話すことをしっかり聞く姿勢を示すことも大切です。

何よりも、キャリアコンサルタントとして、真摯に相談者と向き合うように、試験官に対しても真摯に、そして、誠実に向き合っていきましょう。

最後に、第27回試験から、協議会のサイトに過去問題と合わせて「面接試験官から観た受検者の傾向」という実技（面接）試験の採点を担当した試験官を対象にしたアンケートの結果が掲載されています（https://www.career-kentei.org/about/learninfo/）。

これは、実技（面接）試験において試験官から私たち受検者はどのように見えているのか、そして、そこにあるキャリアコンサルタントへの期待を垣間見ることができる貴重な資料です。こちらもぜひ一読いただき、これからの能力向上のための参考にしてください。

〔著者略歴〕

津田 裕子（つだ ひろこ）

キャリコンシーオー　主宰／株式会社リバース　取締役

大阪府出身。大学卒業後は一般企業にて一般事務や経理、総務、人事を経て、採用担当として面接官を経験。その後、職業訓練校での講師経験を機に2014年からキャリアコンサルティング分野への造詣を深める。2016年にはキャリアコンサルティング技能士2級に合格。同年から国家資格化されたキャリアコンサルタントとして登録した。

現在はキャリアコンサルタント事業を展開する「キャリコンシーオー」にて合格講座を運営。学生への就職サポート、企業内や企業外のキャリアコンサルティングなども行い、これまでに1万件を超える相談実績がある。また、厚生労働大臣指定のキャリアコンサルタント更新講習も開講、運営している。

・2級キャリアコンサルティング技能士（国家資格）
・国家資格キャリアコンサルタント
・中学校教諭第一種免許 社会科
・高等学校教諭第一種免許 地理歴史科
・高等学校教諭第一種免許 公民科
・GCSプロフェッショナル認定コーチ
・NPO法人 国際メンターシップ協会認定アソシエートメンター
・JNECネイリスト技能検定1級
・JNAジェルネイル技能検定 上級

〔執筆協力〕

奥田 裕子（おくだ ひろこ）

人事・組織開発のコンサルタントとして数多くの企業の従業員の方たちとかかわる中で、個々人へのキャリア形成支援の必要性を強く実感し、キャリアコンサルティングの世界に関心を寄せるようになる。その後、主に公共の就労支援機関や需給調整機関、職業訓練学校でのキャリアコンサルティングやセミナー講師業務などに従事するとともに、一般のビジネスパーソンに向けたキャリアコンサルティングやコーチングを行う。また、近年ではキャリアコンサルタントの有資格者や資格取得を目指す方たちへのスキルアップや資格取得の支援にも積極的に取り組んでいる。

・1級キャリアコンサルティング技能士（国家資格）
・2級キャリアコンサルティング技能士（国家資格）
・国家資格キャリアコンサルタント
・産業カウンセラー

2級キャリアコンサルティング技能士
実技試験（論述・面接）にサクッと合格する本

令和５年１月１日　初版発行
令和５年10月20日　初版２刷

検印省略

〒101-0032
東京都千代田区岩本町１丁目２番19号
https://www.horei.co.jp/

著　　者　津　田　裕　子
発 行 者　青　木　鉱　太
編 集 者　岩　倉　春　光
印 刷 所　日 本 ハ イ コ ム
製 本 所　国　　宝　　社

（営　業）　TEL　03-6858-6967　　Eメール　syuppan@horei.co.jp
（通　販）　TEL　03-6858-6966　　Eメール　book.order@horei.co.jp
（編　集）　FAX　03-6858-6957　　Eメール　tankoubon@horei.co.jp

（オンラインショップ）　https://www.horei.co.jp/iec
（お 詫 び と 訂 正）　https://www.horei.co.jp/book/owabi.shtml
（書籍の追加情報）　https://www.horei.co.jp/book/osirasebook.shtml

※万一、本書の内容に誤記等が判明した場合には、上記「お詫びと訂正」に最新情報を掲載しております。ホームページに掲載されていない内容につきましては、FAX またはＥメールで編集までお問合せください。

・乱丁、落丁本は直接弊社出版部へお送りくだされば お取替えいたします。

ISBN 978-4-539-72949-6